湛庐文化
Cheers Publishing
a mindstyle business
与 思 想 有 关

连接者 THE CONNECTORS

社交网络中的商业先锋

How the World's Most Successful Businesspeople Build Relationships and Win Clients for Life

[美] 玛丽贝丝•库兹梅斯基（Maribeth Kuzmeski）◎著　明爱◎译

中国人民大学出版社
·北京·

前言 独一无二的能力

他们可能会忘记你讲了些什么，但是他们绝对不会忘记你给他们留下的是什么感觉。

——卡尔·布纳（Carl W. Buehner）
摩门教领袖、商人和作家

我非常有幸地结识了一些世界上最成功的销售人士，其中有些是我的客户。跟大多数人一样，一直以来，我对他们如何在商业上取得令人瞩目的成就非常感兴趣。他们的思考方式跟其他人有何不同？他们有哪些性格特质？这些商业精英身上有哪些相似之处？他们采取了哪些始终如一的行动？驱动他们不断前进的动力是什么？哪些因素使他们卓尔不凡并给他们带来了如此耀眼的成就？

有趣的是，那些目前已经很成功的人士和公司也对“为什么别人取得成功”感到好奇。我的客户知道我们同时也就战略和业务开拓问题向其他盈利能力良好的公司提供咨询服务，因此他们经常问我：“为什么其他公司会成功？”“他到底是怎么做的？为什么他的销售业绩如此惊人？”

成功者特质

作为商业人士，我们之中的很多人都坚信“没有最好，只有更好”，因此我们不会固步自封、停滞不前，或对自己目前取得的成功沾沾自喜。如果我们得知其他人已经花费大量心血研究出了某项成果，而且他们已经利用这些成果取得了成功的话，那么我们希望自己可以从中学到一些经验教训，从而避免重蹈覆辙。然而，如果只是知道别人取得成功的技巧或方法，并且在自己的工作中简单加以复制就能使我们迈入成功殿堂的话，那么世界上也就没有所谓“不成功”一说了。因为如果上面这个观点成立的话，每一个已经先我们一步被成功人士验证过的想法、销售技巧、营销策略或商业体系都会被无数人采纳，进而给每个人带来非常可观的业绩。但是，事实并非如此。

因此，那些世界上最会赚钱的公司和个人肯定具有独一无二之处。为了找出答案，我花了很长时间来思考他们的智力、竞争力、决心、执行策略、员工、筹资方案和你能想到的其他任何可能帮助他们取得成功的因素。当我们逐一分析杰出的商业人士所具备的性格特质时，就会发现，这些性格特质所具备的很多品质都令人羡慕甚至妒忌，比如坚韧不拔、有干劲、工作卖命、拥有较高文化水平、创新能力突出、勇于不断变革、从不说“不”的思维模式，以及其他诸如此类的优秀品质。

除此之外，这些杰出的商业人士身上还展现了另外一种特质，一种比上述所有优秀品质都更重要的能力——与他人进行连接，进而建立富有意义的关系的非凡能力。

这种能力可不像书本上的知识或创业精神那么简单。进行连接和建立关系的能力不同于知识，它对那些已经获得巨大成就的人来说，就好比美国俚语“蛋糕头顶上的糖霜”（icing on the cake），锦上添花。如果没有这层糖霜，蛋糕就好像少了点什么，不再那么美味诱人。可能蛋糕本身的味道不算坏，但只有点缀上一层糖霜，其口味才能达到无与伦比的境界，当然前提是糖霜的味道一流且用量恰到好处。

与他人建立关系的能力的确是蛋糕上不可或缺的糖霜。与他人建立深层次的关系会对你的商业活动产生显著影响，包括大幅提高销售业绩，充分释放你的领导才能，以及最终实现个人成功。对某些人来说，这种能力和技巧是天生的，但如果你不是这种生来就善于与人交流和建立关系的人，你也没有必要沮丧，因为对每个人来说，这种能力都可以通过后天习得（是的，这绝不是安慰你的话）。之所以我在这里将它称为成功的秘诀，是因为人们经常忽视它——我们总是在有意无意间抹杀或低估建立深层次的关系的能力对取得成功所做出的重要贡献。

精益求精，日臻完善

与别人建立连接需要你投入感情，有明确的目的且态度真诚。我知道这一点是因为我观察到我的客户每天都是这么做的，而我自己也投入大量的时间和精力来研究这个东西，结果证明我是对的。除了研究，我还将它运用到实际的生活和工作中，并根据运用的情况和结果继续学习和研究这个成功的关键要素。我将一直致力于这个领域的研究，并且希望能精益求精、日臻完善。毫无疑问，这种能力的获取和提高是一个持续的过程，不能一蹴而就。

不幸的是，在我们花费大量时间与他人建立关系时，我们的努力往往因为过程中的一点小事而前功尽弃。有时候，仅仅是我们事业或计划上的一个小小挫折，就会导致我们退回到以自我为中心而几乎不考虑他人感受的老路上来。但是毫无疑问，坚持以诚待人并且付出真正的努力与他人建立关系，会让他人的生活变得更美好，当然与此同时，我们的生活也会因此变得更有意义。千真万确，培养关系能帮助我们在所从事的任何事情上取得成功。当然，你需要不断地培训和练习才行。

推荐人模型

我是在与一位财务顾问以及他的公司打交道的过程中，第一次意识到与他人建立良好关系的能力比其他诸多成功要素更重要。我们受聘于这家公司，帮助他们改进营销策略以开拓更多客户。这家公司是罗奇·特瑞纳公司（Roch Tranel），他们用来衡量自己是否取得进步的标准，是他们的管理给客户带来了多少资产增值，而他们的目标是成为一家管理亿万资产的大型财务服务公司。

因为我没有为财务服务公司提供咨询服务的经验（感谢这位客户，我们现在每年都向数百家类似的财务公司提供咨询意见），所以我先从观察他们现有的商业机会和他们所采取的开拓客户的方式入手。我问公司创始人罗奇·特瑞纳是通过什么方法获得已有客户的。他的答案非常有趣，他说他到目前为止所获得的大部分成功都源于他对开拓陌生客户的恐惧。他不愿意给陌生人打拜访电话或是采取类似的策略，因此他只给公司现有的客户打电话——特瑞纳通过把所有时间都用在为现有客户提供资产保值增值服务上来避免拜访陌生客户。

这样做的结果完全超乎想象：特瑞纳仅有的几个客户发自内心地喜欢他。他们关心他的成功，经常带零食给他吃，并且还在他妻子和孩子们过生日的时候寄来生日卡片。最重要的是，他收获了非常有价值的副产品：一连串的口碑推荐。特瑞纳只有 20 多岁，也没有什么经验，但是他靠着继续做下去的毅力和决心以及与仅有的几位客户的恰当沟通，使这些客户打心眼儿里喜欢和信任他，进而将他推荐给他们的同事们。

进行上述调查后，我开始为他的公司设计营销方案。考虑到特瑞纳开发客户的习惯和态度，我认为让他开发、争取与自己没有任何关系的陌生客户的成功可能性极低。因此，我决定让他继续采用与现有客户进行连接并获得推荐的模式，只不过将其变得更加系统化。他的长处是与认识的人进行沟通和联系，他接下来要做的只是更加系统地进行上述沟通和联系，而且他的联系对象要扩大至更多的人。此外，他的所有员工也需要这样做。

今天，特瑞纳财务集团是全美最顶尖的财务公司之一，他们毫无悬念地实现了为客户管理亿万资产的宏伟目标。罗奇·特瑞纳非常感谢我的公司在他如此快速地取得巨大成功上所发挥的重要作用，但事实上，他所具备的与他人进行连接和建立关系的能力是他实现梦想的一个非常关键的因素。我们围绕这项能力建立了一套完整的营销体系，然后将这种能力和技巧传达给他的员工，最终使得他的业绩随着沟通系统化以及所有员工的共同参与而不断扩大，成倍递增。

以我刚才谈到的进行连接并建立关系的能力为中心，真的能建立起市值百万、千万甚至上亿的公司吗？看起来的确如此，并且，这是迅速、有效地建立具有良好盈利能力公司的最好方式。

其他公司也注意到了特瑞纳和他的公司所取得的令人瞩目的成就，因此，他们请我也帮助他们的公司设计一个类似于罗奇·特瑞纳公司所推行的策略，即围绕获取推荐人建立一个模型。为此，我开发出来的模型如下：

1. 令你的客户内心愉悦；
2. 获得推荐人；
3. 邀请客户参加相关研讨会；
4. 获得客户；
5. 重复上述过程。

事实上，这一点儿也不复杂，无非就是围绕客户建立系统化的运营方式、进行客户细分、举办与你提供的服务或产品相关的研讨会、转化客户然后重复上述过程。我们已经对很多公司采了上述系统并且取得了非常好的效果。尽管如此，真正实施起来可没有这么简单，其中遇到的最大问题就是如何成功完成第一步，即想方设法让你的客户从接受你的产品或服务的过程中发自内心地感到愉悦。要想让客户满意，可不是寄几封无关痛痒的信或每年拜访一两次客户就能实现的。在这个过程中，你必须具备建立关系的能力，而这种能力需要你不断地学习和提高。

从现在起，建立关系吧

与他人进行连接并非是件难度很大的事情。你可能会问：如果它真的简单，那么为什么大部分人都没有投入足够的时间和精力与他人进行连接并建立更深层次的关系呢？我们身边的确没有多少人在非常勤奋和努力地学习、运用这项能力，但这并不是因为与他人建立关系的能力很难学会和提高，而是因为我们不太愿意相信别人，更不愿意花费时间和心思为他人着想。很多在残酷的商业战场上摸爬滚打的商业人士有着根深蒂固的观念：适者生存、弱肉强食。

我写这本书的目的是想与大家分享我的研究心得，即那些世界上最成功的商业人士是怎样与他人建立良好关系的，以及这种良好的关系为什么能成为商业人士获得更大成功、争取更多新客户以及提升客户忠诚度等方面不可或缺的一环。为了与他人建立更深层次的关系，你完全没必要花大把金钱寻求专业咨询意见、参加培训课程、实施营销策略、聘请心理学家或心灵导师。你只需要有为他人服务的打算和计划，多花点时间关心他们，留意他们的举止，耐心倾听他们的言谈等。做到这些，你就会发现你与他人的关系在不知不觉中已经获得了长远的发展。

我们的研究和发现揭示了成功的商业人士获取成功的能力。我们的研究对象有些你可能已经听说过，而有些你或许还不太了解，没关系，你可以通过本书深入了解他们的故事，以及他们与别人建立关系的做法和原则（这在本书中随处可见），正是这些做法和原则给他们带来了不同寻常的商业成就。人们往往认为，是否具备敏锐的商业细胞决定了一个人在残酷的商业竞争中能取得什么样的成就，但本书要告诉你的是，敏锐的商业意识并不是商业精英卓越的唯一原因。比所有商业战略、才能和专长更重要的，是他们具有与其他人在更深层次上建立关系的能力，这种能力是形成深厚的人脉及广泛的商业关系并从中享受巨大回报的源泉。

归根结底，在我们与其他人进行连接和建立关系的过程中，我们给其他人留下什么样的印象和感觉，才是决定我们能否取得成功的关键因素。

THE CONNECTORS 目录

THE CONNECTORS

第一部分

用关系赢得商机

HOW THE WORLD'S MOST SUCCESSFUL BUSINESSPEOPLE BUILD RELATIONSHIPS AND WIN CLIENTS FOR LIFE

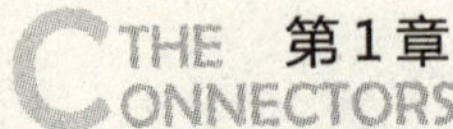

第1章

伟大和成功的共同之处

万能的不是钱，而是人

人活着不能只为了自己。千万条隐形的丝线让我们的生命彼此相连，沿着这些千丝万缕的联系，我们的行为之"因"同时也作为"果"反作用于我们自身。

——赫尔曼·梅尔维尔

美国小说家

"非常……的或伟大的"（Great）是我们经常听到和使用的一个词语，比如"非常好玩的游戏""非常棒的射门""非常好的工作""非常精彩的电影"等，诸如此类，不胜枚举。我们用"非常……的或伟大的"来修饰数量、程度、范围、杰出的或值得称赞的成就或表现，或是具有很高的知名度和广受尊敬的某个人。例如，已故喜剧家和演员杰基·格黎森（Jackie Gleason）和前全美冰球联盟明星球员韦恩·格雷茨基（Wayne Gretzky）就被人们誉为"伟大的人物"。

在拳击界，仅仅用"非常优秀"或"伟大的"并不能恰如其分地形容曾是奥运会冠军和世界重量级冠军的穆罕默德·阿里。阿里毫不掩饰别人对他的夸赞，经常宣称自己是“最伟大的拳击手”，而这一称号也迅速得到了其粉丝们的一致追捧。但有一次，阿里“谦虚地”说自己并不是最伟大的，而紧接着，他又毫不客气地宣称自己比最伟大还要伟大一倍！

确实，格黎森、格雷茨基和阿里无疑在各自的领域取得了非凡的成就，但这一定证明伟大和成功之间存在某种关联吗？是不是每一个伟大的人都非常成功并且每一个成功的人都很伟大呢？答案当然是否定的。

我们有姨姥姥或姑姥姥（great-aunts）、姨姥爷或姑老爷 (great-uncles) 和曾祖父母或曾外祖父母（great-grandparents），但他们可能并没有这个称呼显示的那么伟大。同样，“非常……的或伟大的”也并不总是用来修饰人。比如，澳大利亚有大堡礁（Great Barrier Reef），中国有长城（Great Wall），美国有五大湖（Great Lakes）和大烟山（Great Smoky Mountains）。另一方面，虽然“非常……的或伟大的”经常用来修饰积极、正面的事物，但它也可以被放在负面、消极的事物之前，像“大瘟疫”（The Great Plague）及“大萧条”（The Great Depression）等。

因此，考虑到我们在这么多不同的场合，用这么多不同的方式使用“非常……的或伟大的”，那么我们如何定义“伟大”（greatness）呢？我们如何衡量和确认某人是否已达到了“伟大”的境界？此外，一个不容回避的问题是，伟大和成功之间有着怎样的联系？

伟大的秘诀

亨利·福特 福特汽车创始人	如果说成功有秘诀的话，那就是站在对方立场来考虑问题。

2006 年，《财富》杂志刊登了《伟大的秘诀》系列文章，其由三部分组成。

第一部分《我是如何工作的》刊登在当年 3 月 20 日那期杂志上，其中包括对 12 名超级成功者的访谈。这 12 名超级成功者中很多是我们所熟知的，他们分布在不同行业从事着不同的职业，但他们有一个共同点，就是在各自领域都非常成功。怀着强烈的好奇心，文章的作者开始探寻他们成功的原因。

不出所料，他们中的大部分人都晚睡早起，每天只睡 4~6 个小时。保持良好的饮食习惯和坚持运动也被数名受访者提及。大多数人都热爱科技产品，紧跟不断发展的趋势；但也有少数人的手机里没有或很少安装各种新潮的应用。有些人总是把时间安排得满满当当，不给自己留下丝毫的空闲时间，而其他人则更喜欢有属于自己的时间来进行思考，甚至有名受访者是通过倒立的方式来思考的。有些人会进行适当授权，将一部分事情交给他人来处理，并认为这是他们取得成功的一个关键因素，而其他人则更愿意事必躬亲。

该系列的第二部分《团队合作》发表于当年的 6 月 12 日。它分析了为什么有些团队能够获得巨大成功，而有些团队却以惨重的失败而告终。在该文前言中，作者杰里·尤西姆（Jerry Useem）警告说："事实上，你们所读到的大多数关于团队合作的文章都是垃圾，一点价值都没有。"随后他列举了几个例子来证明自己的观点。

其中一个典型例子就是 2004 年参加悉尼奥运会的美国男子篮球队。自 1936 年开始，在之前的 14 届奥运会中，美国队 12 次问鼎冠军宝座，并且赢得全部 119 场奥运会比赛中的 117 场，是不折不扣的篮球梦之队。然而，不幸的是，2004 年的美国篮球队却令人大跌眼镜，在全部 8 场比赛中竟然输掉了 3 场（比此前美国队在所有奥运会比赛中输掉的场次之和还多），当然结局你们肯定都还记得，美国队最终只获得了一枚铜牌。

问题出在哪里？什么因素是导致这次失利的"罪魁祸首"？要知道，这些选手就个体素质来说丝毫不逊于他们的前任。但对于一支球队来说，他们只不过是一盘散沙。赛前他们根本没有时间建立密切的私人关系，也没有时间一起参加训练，因此球员之间缺乏基本的默契，这导致他们在比赛中根本无法进行良好的配合。可以说，这只不过是一支徒有其名的“队伍”而已。

这次失利对美国篮球官员而言是一次惨痛的教训，是一个他们再也不愿重复的错误。为备战 2008 年北京奥运会，美国篮球队很早便选拔完毕，使球员有充足时间可以一起训练以培养彼此之间的良好关系，而这对一支球队的整体配合和默契而言是非常重要的。最终，美国队以 8 场全胜的辉煌战绩再一次摘得奥运会金牌。

该系列的最后一部分《什么是伟大之母》刊载在 2006 年 10 月 30 日的《财富》杂志上。文中介绍的对象是不折不扣的全明星阵容，其所在行业和领域涵盖了全球制造业、零售业、体育界、娱乐界及高科技行业等。作者杰弗里·科尔文（Geoffrey Colvin）在文章最后总结道：“令人振奋的消息是，缺少天赋无关紧要——天赋与伟大之间没有什么联系，或者说，联系不像我们一直以来想象的那么大……但伟大并不是唾手可得的，它需要付出大量艰苦的努力。”

毫无疑问，我刚刚只是粗略地介绍了这一系列文章，但说实话我有点失望，因为它根本没有提出任何有价值的观点，一切都毫无新意，完全没有揭示出成就伟大的任何奥秘。文中讲到的那些极为出色的人物不过是做了成功人士每天都在做的事情而已。

如果不考虑文中提到的电子邮件、黑莓、手提电脑、手机和其他现代日常沟通工具，上述这篇写于 2006 年的文章与几百年前，甚至是几千年前讨论成功秘密的书籍和文章毫无二致。

出乎意料的是，《财富》杂志提到的那些叱咤风云的人物中，伟大竟然被视为成功的派生物，而不是需要通过其他额外努力才能获得的。根据这个逻辑，我发现很难驳倒下述结论（或至少是一个暗示）：一旦成功，人们便自动披上了伟大的外衣。

伟大当然不可能通过自我评价和授予而获得，《财富》杂志所讲述的那些杰出商业人士中也没有一个人指出过这一点。恰恰相反，我们马上就会发现，许多人的成功故事中有一个隐含的主题，或是说一个共同的特点，正是这个主题或特点让他们一直成功，在伟大的阶梯上不断攀登。

谁也无法凭借自身取得成功

理查德·霍尔沃森 Richard C. Halverson 知名教育学家	人就像一个洞：你从他人身上拿走的越多，他人因此得到的也越多。伟大总是与付出有关，而不是攫取。

国际著名畅销书作家马尔科姆·格拉德威尔（Malcolm Gladwell）[①]在他的著作《异类》（*Outliers*）中再次强调了努力工作对于取得成功的重要性："处于社会最顶端的那些人并非只比其他人努力一点点，事实上，他们比其他人努力百倍，甚至上千倍。"

尽管刚才谈到的《财富》杂志关于伟大的奥秘系列文章的作者和格拉德威尔均同意努力工作对获得成功而言至关重要，但他们得出结论的研究方法却大相径庭。表现之一就是，《财富》杂志的作者着眼于杰出组织和个人为了取得成功而进行的一系列行为或活动，而格拉德威尔却采取了一种完全不同的方法。

在《异类》一书中，格拉德威尔说："本书的意义在于，你能从观察和研究这些成功人士自身、他们的成长环境以及他们父母的职业等方面学到比成功本身更有价值的东西。所谓的成功人士就是那些能够充分利用其成长中的文化环境或历史环境，以及其出生所赋予的一系列天资的人。"

格拉德威尔的调查显示，一个人的出生年月甚至都可能对其今后能否成功产生重要的影响。他在书中写道："我们的成长环境和祖先传袭下来的传统塑造了我们的成功模式，这些外在因素对我们能否成功具有难以预料的重大影响。"

---

① 同时也是《引爆点》（*The Tipping Point*）和《眨眼之间》（*Blink*）的作者。

格拉德威尔列举出的令人信服的例子证实了出身、家庭、文化和社会等级对于取得成功的重要性，其所进行的非常透彻的研究也引导他得出了如下结论："没有一个人可以仅仅凭借自身而取得成功，无论他们是摇滚明星、职业运动员，还是软件业亿万富翁，哪怕是天才也不例外。"

依赖他人，一条隐含的主线

保罗·帕克 Paul C.Packer 美国教育家	与他人打交道的艺术是那些成功人士最大的秘密。一个人在处理人际关系上的成功是衡量他整个人生取得多大成就的标尺。

尽管上文中《财富》杂志的系列文章没有将"与他人建立良好关系"作为一个重点进行阐释，但是仔细阅读后我们不难发现，一条隐含的主线，即依赖他人，贯穿于文章中的许多人物故事中。例如，文章一开始在前言故事中列举了托马斯·爱迪生的故事，故事是这样开头的："他最好的工作是在天黑后做出的。"然后故事继续描写爱迪生整晚的工作，并引用爱迪生本人的话："我认为我之所以能取得一点成就，是因为我没有在实验室放个闹钟。"

但是在那些漫长的夜晚，爱迪生并非是一个人在奋战。文章是这么写的："爱迪生总是督促自己和另外 12 名研究者坚持工作，直至拂晓的曙光降临。"爱迪生有一次在解释驱动自己不断工作的驱动力时说道："如果忽视发明可能给别人带来的好处，我根本就做不出任何杰出的发明。只有当我发现人们有某种需要时，我才会继续在发明的道路上不断前进。"

卡洛斯·戈恩（Carlos Ghosn）是法国雷诺汽车和日本日产汽车两家公司的 CEO，他因工作原因不得不花很多时间在日本、法国和美国三个国家的办公室之间飞来飞去。你要知道，这不仅仅是往返于三个不同国家的问题，更是一个横跨三大洲的漫长旅途。如果不是他在每个办公室各配备一个双语助理来协助他建立如此高难度的日程安排，他根本不可能完成如此繁重的工作任务。尽管如此，卡洛斯却拒绝让繁重的工作侵占他和家人相处的时间。他告诉《财富》杂志：“我从不把工作带回家。我经常跟我的四个孩子一起玩耍，在周末花时间和家人一起度过。”

埃米·舒尔曼（Amy W.Schulman）是欧华律师事务所(DLA Piper)的合伙人。欧华律师事务所是一家全球性的国际律师事务所，其办公室遍布全美各州并在至少24个国家设有分支机构。埃米告诉《财富》杂志：“我百分之百地信任团队中的任何一名成员。你要知道，我花了10年时间来建设这个团队。”

詹姆斯·迈克纳尼（James McNerney）曾担任通用电气和3M公司的高级管理者，后来加入波音公司成为波音公司主席和CEO。在被问到他的领导哲学时，詹姆斯回答说：“我立足于其他人的成长……以帮助他们做得更出色。”

如果我们看一看波音公司采取的一些动作，就会清楚地发现这家公司非常重视员工的成长、关系的建立以及培养公司未来的领导者，波音领导力中心（Boeing Leadership Center，以下简称BLC）就是一个很好的例子。该中心位于密苏里州圣路易斯市，占地1.16平方千米，其目标是：让所有的领导者，从一线经理人到高级主管，都能彼此分享他们正在处理的事情、正在学习的东西，交流自己的技能和最佳实践经历。BLC的一个重要组成部分是“领袖教领袖”项目（Leaders Teaching Leaders，以下简称LTL），通过这个项目，来自波音公司的所有领导者都可以与参与者分享自己的专业技能，这个项目也鼓励参与者进行公开讨论、提问和举行挑战赛。该项目的最终目标是培养公司未来的领导者。在参加完LTL项目后，波音公司武器项目副总裁金杰·巴恩斯（Ginger Barnes）总结说：“领导力，就是关于领导人教领导人以及处理关系的艺术。”

请注意，这里再次出现了“关系”一词！无论身处哪个领域，比如政治、体育、音乐、高科技、军事、科学、法律、制造业和销售业等，连接和建立关系的重要性被一次又一次地提及。

伟大栖身于何处

厄尔·南丁格尔 励志演说家	秉持伟大的态度不仅能点亮这个世界，还能将我们与各种机会联系起来，而这些机会是在我们转变态度之前无法获得的。

我想再问一次本章一开始提到的问题："我们如何定义伟大？"可以确定的是，伟大是无法简单地通过我们在银行里有多少存款、我们经营的组织有多大或多成功、我们的投资规模有多大来衡量的。此外，不论我们的墙上挂着多少奖状，桌子上摆着多少奖杯，也都不能代表我们就是伟大的。

成功是衡量伟大的尺度吗？我可不这么认为。随处可见历史上各种成功人士的故事，这些人在他们投身的领域都取得了巨大的成功，但出于某种原因，他们并未达到"伟大"的境界。通常，他们的成功是在不断努力攀登的过程中，以放弃或越过某些东西为代价换取来的。

将成功归功于他人

威廉·柯伦·布赖恩特 William Cullen Bryant 美国诗人	伟大并非取决于一个人有多大力量，而是取决于他把力量用在什么地方……人的伟大在于用自己的力量凝聚众人之心。

根据我的经验和我在研究成功的过程中所收集的数百种定义和观点，关于成功的真正含义，有一个因素十分重要。许多人在关于成功的文章和书籍中均提及过这个因素，格拉德威尔也曾一针见血地指出过，而下面讲的几个故事会更好地阐释这一点。这些故事不是关于工商业巨头的，它们只与一位牧师和一个棒球投球手有关。

1865年，牧师卜威廉（William Booth）不断游走于伦敦街头进行布道，借此给那些无家可归的人带来希望的讯息。从这些小小的行为开始，他创建了救世军[①]。救世军现在已经遍布世界一百多个国家和地区，被公认为是世界上同类组织中最为优秀、运行得最好、最受尊敬且最成功的代表，而正是卜威廉将伟大和成功的本质用一个最简单的词语概括了出来。

有一年的圣诞节，卜威廉希望向自己分散于世界上50多个国家的同伴表达圣诞的祝福，以鼓励他们继续向那些受苦受难和有需要的人们提供帮助。但在那个年代，快速传达信息的唯一方式就是发电报，而电报是根据发送的词语数量来收费的，因此，如果发送的信息较长，费用就会比较高。卜威廉将军不愧是一位务实而又奉行节俭的人，他发现有一个词语可以很好地传达他想表达的全部信息，因此他的圣诞祝福电报上只有一个词："他人"。

下面将谈到的这个棒球选手早在60年前就退役了，但是他的职业生涯是何其光彩夺目啊。他是一个左撇子投球手，后来被选入棒球名人堂。他帮助纽约扬基队夺取了7次美国职业棒球大联盟冠军和5次世界职业棒球锦标赛冠军。他在每年的任何一个赛季均会赢得20多场比赛，3次获得全明星比赛的"最佳投球手"称号，并且保持着世界职业棒球锦标赛6场全胜的光辉纪录。

然而，比他的成功更令人折服的是他自身的人格魅力。他幽默搞笑，性格活泼有趣，滑稽的举止和超强的幽默感帮他赢得了"El傻帽"（E1 Goofu）的昵称。有一次当被问到是什么使他如此成功时，左撇子弗农·戈麦斯（Vernon "Lefty" Gomez）回答道："我成功的秘密就在于生活作风严谨，以及拥有一个快速的外场队友。"

这就是让他如此出名的幽默回答。或许他自己也没有意识到，他的答案里实际上包含着伟大和成功的共同之处：归功于他人！顺便提一句，在戈麦斯

① 根据维基百科的解释，"救世军"是一个于1865年由卜维廉、卜凯瑟琳夫妇设立，以军队形式作为其架构和行政方针，并以基督教作为信仰的国际性宗教及慈善公益组织。该组织以街头布道和慈善活动、社会服务著称。——译者注

大部分的职业生涯中，他所说的快速外场明星便是无敌的乔·迪马吉奥（Joe Dimaggio）。

戈麦斯的骄人纪录无可争议地证明了他所取得的巨大成就，但是他没有将成功全部揽在自己身上，而是谦虚地承认他的成功离不开他人的帮助，正是这一点才使他跻身伟大之列。尽管并不是每一个成功人士都是伟大的，但我确信，每一个被称为“伟大”的人肯定在自己的事业中攀上了成功的巅峰。

当然，我们根本不需要翻查那些商业记录和历史记载，因为，书写商业伟大历史的人正如我们刚才所谈到传道者和投球手一样，将成功归于他人。

有一种商业哲学叫作 PSP

保罗·迈耶 Paul J.Meyer 美国成功激励学院创始人	沟通，这种人类联系的方式，是我们获得个人和事业成功的关键所在。

这是在商业历史上颇具传奇色彩的一个故事。它从一篇写于 1962 年的学期论文开始。论文的作者是耶鲁大学一名主修经济学的大一新生，他在这篇论文中提出了一个快递隔夜包裹的新系统。但是直到好几年后，论文的作者弗雷德里克·史密斯（Frederick W. Smith）才有机会践行这个想法。

1966 年，史密斯从耶鲁大学毕业后加入了美国海军陆战队，参加了两次对越南的战斗，并因其出色表现获得银星、铜星和两个紫心勋章。1969 年，他以上校的军衔光荣退伍，两年后成立了联邦快递公司。公司成立的头几年非常困难，但在 1976 年，公司迎来了转折点并开始盈利。

今天，联邦快递公司已经在全世界超过 200 个国家和地区经营业务，员工总数超过了 29 万人，年营业收入接近 400 亿美元。1998 年，在接受美国成功协会（The Academy of Achievement）的一次采访中，当被问及取得如此非凡成就的主要原因时，史密斯回答道："最重要的原因就是我们的公司哲学，我们称之为 PSP，即人（People）、服务（Service）和利润（Profit）。如果你要经营一家高水平的服务机构，你必须在一开始就让员工发自内心地热爱并忘我地投身于这份工作。"

史密斯认为，在美国海军陆战队服役的经历使他受益良多。比如，军队让他学会了如何领导别人以及如何与别人建立关系。在那次访谈中，他告诉采访者："我们当时驻扎在越南的农村地区，我和战友们一起生活，一起吃饭，当然也一起解决各种问题。比起大多数高层管理人员，我觉得自己能更好地理解蓝领工人，包括他们在想些什么、他们如何对事情做出反应，以及你应该做什么才能尽最大可能实现公平等。"

在我看来，史密斯的理念，即 PSP 哲学强有力地涵盖了建立良好商业关系的一切基石，并且可以准确地转化为 ECS——员工（Employees，即人）、客户（Customers，即服务）及股东（Shareholders，即利润）。

"小人物"的捍卫者

西奥多·罗斯福 美国政治家、第 26 任总统	成功公式中，最重要的一项因素是与人相处。

阿马德奥·贾尼尼（Amadeo Giannini）1870 年出生于美国加利福尼亚州的圣何塞市，父母是意大利移民。在他年仅 7 岁的时候父亲就去世了，他的母亲后来带着他改嫁。14 岁那年他就辍学加入了继父的一家生产公司。5 年后，他成为该公司的高级合伙人。31 岁那年，正当公司蓬勃发展时，他却将持有的公司股份全部出售给公司员工。

然后，这位年轻的有钱人被邀请担任当地一家借贷公司的董事。但没过多久，他就对这家公司大失所望，原因是该公司不愿意借钱给本地的小生意人，认为这些人的偿债能力比较低。那些被拒绝贷款的人中有很多是辛勤工作的移民，还有一些是阿马德奥在之前的生意中认识并深受他尊重的小人物。

为帮助他们，阿马德奥决定自己成立一家银行，为所有有需要的人服务。因此，1904 年，34 岁的阿马德奥创设了意大利银行（Bank of Italy），其初始资本只有 15 万美元，且大部分资金来自于他的继父和几个真正熟悉他正直品性的朋友。此后，意大利银行不断发展壮大，名字也改为美国银行（Bank of America）。

两年后，旧金山大地震以及随后连烧三天的大火将这座城市变为一片废墟，该市的大部分银行决定停止营业 6 个月以便进行银行内部重建，但是贾尼尼并没有这么做。很快，在一个临水的码头上，他用两个木桶支撑起一块木板作为临时柜台开始恢复营业，贷款人无需任何抵押便可办理贷款（或许贷款唯一需要的就是彼此之间一次简单的握手）。

贾尼尼是一个真正具有远见卓识的人。凭借“建立一个‘平等银行’来为每个人服务，不论他们是穷人还是富人”的决心，他成为美国第一个在加利福尼亚州建立分支系统的银行家。美国银行的使命非常简单，那就是“建设加利福尼亚州”，并且以满腔热情去实践这个使命。多年来，它几乎帮助了加利福尼亚州每一个社团寻找债券发行市场，并且成为向本州农业和葡萄酒行业提供贷款最多的银行。

终其一生，贾尼尼一直奉行与“小人物”进行连接和建立关系的理念。他只领取很少的薪水并且鄙视财富，因为他认为，如果他有很多钱的话，就会给他与小人物之间的关系带来负面影响。他说：“渴望金钱是件很不好的事情，但我从不会遇到这个问题。”

尽管美国银行跟其他金融机构一样，在 2008 年经历了很多艰难的时光，但在 1949 年贾尼尼去世时，美国银行已经是全美国最大的银行。该银行创设的初衷是其创始者坚信与他人建立良好关系的重要性，正如贾尼尼在其信条中所说表达的一样："满足他人的需要是当今世界上唯一正当的生意。"

西南航空公司的故事

玛丽安娜·威廉森 Marianne Williamson 美国作家	除了帮助他人、服务他人的意愿之外，没有其他方法和事物可以准确地反映我们的伟大。

当我登上回家的飞机开始长达 4 个小时的旅程时，我心想这真是一段漫长、无聊的时光。不过我也很高兴能够享受头等舱的舒适，因为我经常在这一条航线上飞来飞去，所以可以享受到航空公司的优惠。走进头等舱时，我注意到第一排坐着一位穿着优雅、气度非凡的绅士，举手投足之间无不散发出一位成功企业高管的风度和气场，并且从乘务人员对待他毕恭毕敬的态度上，我可以判断出他肯定是一个大有来头的人。

我们升空后不久，乘务人员又开始对那位坐在第一排的先生大献殷勤，而我和其他头等舱的乘客就没这么好的运气了。当我跟旁边的人聊起我的发现时，他告诉我，那个集万千宠爱于一身的人就是这家载客量世界第三的航空公司——西南航空公司的 CEO。啊，原来如此！我恍然大悟，难怪空乘人员都对他如此殷勤。

但更令我吃惊的是那位 CEO 的反应，或者说是他对所有的关心缺乏反应。他的脸上没有一丝笑容，也不跟任何一个乘务人员说话。事实上，在长达 4 个小时的飞行途中，我没有听到他跟其他乘客主动说过一句话，除非其他乘客先开口跟他攀谈。我真替这个 CEO 感到遗憾，他浪费了一个多么好的机会啊！他原本可以利用这次飞行与自己公司的员工（别忘了正是他们才使他掌控的这家公司能运转下去）建立良好的关系，并向他们表示感谢，尤其是在整个航空业都遭遇巨大困难的时候。

尽管整个航空业所面临的大环境非常不确定，但西南航空公司却丝毫不受影响，这绝对是一个例外。在其他航空公司都在财务危机边缘苦苦挣扎时，该公司却逆势而上持续保持增长势头。这当然要归功于西南航空公司的传奇似的联合创始人、前 CEO 和公司主席赫布·凯莱赫（Herb Kelleher）先生所确立的，并且被公司每一位员工奉为圭臬的"态度"理念。

这位新 CEO 一言不发地坐在西南航空的航班上，理所当然地接受着乘务人员对他的格外关照，非常不可思议。之前凯莱赫经常穿戴得像猫王一样出现在公众面前，他以此告诉员工：如果你坚守岗位，公司不反对你找些乐子来做，只要你能把工作做好，你对自己随意一下又有何妨？

凯莱赫经常在机场的航站楼里走来走去，并乘坐本公司的航班，目的只是为了拜访乘客和贴近员工，以获得他们对公司表现的看法，以及公司怎么做才能做得更好的第一手反馈资料。他取得成功的一个重要原因在于，他重视他人，重视跟他们建立关系，而不仅仅是经营公司而已。

得克萨斯大学 – 奥斯汀麦库姆斯商学院（The McCombs School of Business Management）2003 年春 / 夏的那期简报上刊登了一篇对凯莱赫的访谈。他告诉记者："我们从事的是客户服务行业，经营的是一家航空公司。然而任何一个行业都无外乎向你的服务对象提供满意服务，我们只不过是处于客户服务产业的一个分支而已。"

有一次，他在为彼得·德鲁克基金会写的一篇文章中谈道："客户就像一种无法抗拒的自然力量，你愚弄不了他们。你忽视他们的后果就是将你自己陷入严重的危机之中。"

但是在凯莱赫的关系层级中，有一类对象甚至比客户还重要，那就是他的员工。相比之下，股东就处于一个更低的层级。在上述访谈中，他解释道：

"如果你善待你的员工，他们就会为自己所做的工作感到开心和自豪，并更具积极性。他们会把这种态度传达给客户，从而使客户再次光临，而商业的全部意义便是吸引客户再次消费你的产品或服务。只有做到这一点，股东们才会开心。"

当然，还有其他很多因素促成了西南航空公司巨大的成功，比如勇于冒险、坚持创新，以及像凯莱赫那样经常面对面地听取乘客和员工的反馈意见。但不可否认的是，这家伟大公司的立身之本就是毫不动摇地致力于与员工、客户和股东建立深厚的关系。

兄弟姐妹的守护者

伟大绝不会凭空而来。不论我们取得怎样的成功，都可以用我们对他人产生的影响来衡量：亲自接触他们，让他们跟随在我们左右，如果有可能，激发出他们本身的最大潜能。

大约20世纪初的时候，有个叫乔治·马修·亚当斯（George Matthew Adams）的年轻人被称作"芝加哥最成功的广告销售员"并因此一举成名。在此后的60年里，他也凭借作家、出版人和专栏作家的头衔家喻户晓。

在他众多的言论中有这么一段话："我们是我们兄弟的守护人吗？当然是！如果一点也不关心其他人的感觉和命运，我们就会变得冷酷无情、麻木不仁。如果我们自私自利，我们怎么能期盼获得原本非常容易取得的成功呢？"

还有一次，他写道："人世间没有完全孤立于他人的人。我们是由成千上万的人组成的群体。任何一个人，只要他曾经为我们做过任何一件有意义的事情，说过任何一句鼓励和安慰我们的话语，就已经走进了我们的生活，塑造着我们的性格和思想，也影响、塑造着我们的成功。"

硬币的反面

20 世纪初也因法国作家、飞行员安东尼·德·圣–埃克苏佩里（Antoine De Saint-Exupery）的诞生而闪耀着璀璨光辉。与亚当斯一样，他也是一位著名的作家。有传言称安东尼因初恋失败情绪低落，最终导致他在第二次世界大战中因飞机被敌军击落而丧生。

19 世纪 30 年代末，安东尼在一次飞机失事中受伤。在休养期间，他写了一本关于飞行的书——《风沙星辰》（*Wind, Sand and Stars*），其中有一段话生动地描述了那些围绕在我们周围却被我们忽视的人们的内心感受。

坐在一辆通勤巴士上，听着旁边几个上了一天班疲惫不堪的办公室职员的交谈，他写道：

> 我听到他们在窃窃私语。他们谈到了疾病、金钱、少得可怜的社会救济金。他们的谈话声回荡在监狱阴沉的墙壁上，那是一堵禁锢他们心灵和精神自由的监狱之墙啊。突然，我面前出现了一张绝望的面孔。年老的监狱官差啊，我亲爱的朋友，应该受到谴责的不是你。没有人曾经帮助你逃离这没有人性的地方……没有人曾经在尚有一线机会的时候轻抚过你的肩膀，拥你入怀。现在，你的躯体和内心的灵魂已经变得像成型的泥塑一样僵硬，已经没有任何东西能够唤醒沉睡在你灵魂深处那与生俱来的音乐家、诗人和天文学家的天赋与灵性。

多么悲伤和沉郁的场景啊！试想一下，假如在他们内心变得麻木不仁、冷酷无情之前，有人能拍一下他们的肩膀或者给他们一个体贴的拥抱，他们的生活将会多么不同啊。你无需付出太多，仅仅让他们感受到你的关心就足够了。你只言片语传达出来的温情和关心足以唤醒他们内心沉睡的天赋，并激发他们达到不敢想象的人生高度。

幽默大师、作家塞缪尔·朗赫恩·克莱门斯（Samuel L.Clemens），即马克·吐温，逝世于1910年，他或许是那个年代美国最受欢迎的名人。经典名著《汤姆·索亚历险记》、《在亚瑟王朝廷里的康涅狄格州美国人》（*A Connecticut Yankee in King Arthur's Court*）以及《哈克贝利·费恩历险记》（*The Adventures of Huckleberry Finn*）都出自他之手。在我看来，马克·吐温对伟大的总结最为精辟，他说："真正伟大的人，会使你觉得你也可以变得伟大。"

伟大或成功过程中的重要角色

尽管有大量事实证明，与他人建立良好关系在实现伟大的过程中扮演着重要角色，但出人意料的是，极少有关于商业和领导力方面的书籍和文章提及这一点，上文提到的《财富》杂志刊登的系列文章就是一个很好的例子。另外，在我们已经研读的其他众多书籍里也很难找到"建立关系"的踪影，于是我们不得不花很长时间，在漫无边际的书籍杂志中搜索一些关于"关系在取得成功和伟大过程中发挥着无可替代的作用"的表述。而这些难得的表述，要么仅仅是寥寥数语，要么轻描淡写一带而过，就跟出现在电视广告画面下方的小字体广告词一样。

不，伟大不是靠我们的财产、成就、投资规模或我们得到的奖状、奖杯的多少来衡量的。相反，我非常确信，我们对其他人的影响、我们与他人建立关系的方式，以及尽可能激发他人的潜能是衡量伟大的最佳方法。用已故美国参议院牧师迪克·霍尔沃森（Dick Halverson）的话说："伟大总是意味着给予，而不是索取。"我想再次重申如下几个要点：

- 历史上随处可见各种成功人士的故事，这些人在他们投身的领域都取得了巨大的成功，但出于某种原因，他们并未达到"伟大"的境界。
- 伟大绝不会凭空而来。不论我们取得怎样的成功，我们都可以用我们对他人产生的影响来衡量：亲自接触他们，让他们跟随在我们左右，如果有可能，激发出他们本身的最大潜能。
- 尽管并不是每一个成功的人士都是伟大的，但我确信，每一个披上伟大外袍的人肯定在自己的事业中攀到了成功的巅峰。

第2章

每个人都能建立良好的关系

社交商如何在商业中发挥重要作用

对天生愿意与别人打交道的人来说，社交是他们的一种本能。他们喜欢参加大型聚会，一旦有机会就会主动与别人建立某种关系，但不是每个人都是这种天生的社交派。如果你恰好不是这类人也没关系，本书同样适用于你。其实，与客户建立关系的关键不是说你必须与你邂逅的每一个人都建立关系，它只是要求你对应该与哪些人打交道做一个计划：如果你尝试着规划一下自己未来的事业走向或生意前景，你将能立即判定出和哪些人建立关系是最重要的。其中，你首要的连接对象就是你想使之成为你终生客户的人。你越早明白你需要建立的优先关系纽带，你就能越快利用某些常识，甚至有时仅仅是简单的建立关系的原则来为你提供便利。你的性格是内向的还是外向的都无关紧要，重要的是你肯花时间考虑哪些关系是最重要的，以及它们重要的原因。

最近，“现代人际关系之父”伊万·米斯纳（Ivan Misner）[①]突然意识到自己

① 想要了解作者的更多观点，请见《销售大师》中文简体版。该书已由湛庐文化策划，中国人民大学出版社出版。——编者注

竟然是个性格内向的人！米斯纳博士是世界最大的商业网络组织 BNI 创始人兼董事长，著有 11 本关于建立人脉关系的书籍。当他告诉我他最近发现自己事实上比较内向时，我以为我的耳朵出了问题。他解释说，跟他生活了 20 年的妻子在一次吃晚饭时说他显露出许多内向性格的倾向。米斯纳惊呆了！一个职业演讲家和世界最大的商业网络组织的创始人怎么可能是一个内向的人？因此他做了一个在线测试，结果显示他是一个“情境外向”的人，意思是说他跟陌生人打交道时会比较拘谨和放不开，但跟熟人相处时就会比较自在和无拘无束。他说：“我对自己怎么能开办 BNI 感到吃惊，因为本质上我是一个与陌生人接触会感到不舒服的人。或许，BNI 创设了一个不需要直接接触陌生人的系统，它让我能在一个有组织的、结构化的人脉网络中接触他人，从而避免了与陌生人直接交谈。”

因此你看，连性格内向的人都能成为全美国最有名的人际关系建立专家，你有什么理由怀疑自己没有这个潜力呢？你可能会说：“好吧，即使你说的是真的，我们要怎样做才能激发这种潜能，或者说我们怎样才能提高自己与他人打交道的技能和获得更好的效果呢？”别急，你慢慢读下去就会发现答案了。

优先关系纽带

为了开始构建潜在的关系，首先要想清楚你需要建立的优先关系纽带，这包括你与他人已建立的关系，以及尚未建立但应该存在的潜在关系。这个过程很重要，因此，我们每个人都应该在思考过程中不断地问自己这个问题：为了培养忠诚的客户、进一步推进职业发展并获得事业的成功，我必须与哪些人进行连接并建立有价值的关系（提示：可以将这些人分为客户、供应商或特殊个人等类别）？为了便于你规划，你可以把思考结果列在下面这张表格里：

THE CONNECTORS 连接者测试

联系对象列表

1. ______________________
2. ______________________
3. ______________________
4. ______________________
5. ______________________
6. ______________________
7. ______________________
8. ______________________
9. ______________________
10. ______________________
11. ______________________
12. ______________________
13. ______________________
14. ______________________
15. ______________________
16. ______________________
17. ______________________
18. ______________________
19. ______________________
20. ______________________

在逐个列出联系对象后，快速在脑海中勾勒出几个与上述每一个联系对象进行接触的方法，并写在联系对象的名字后。接下来你需要做的就是确立一个合适的日期开始行动！我将在本书稍后部分给出有关与他人进行连接并建立关系的具体策略。

智力很重要

商业中的关系是极其复杂多变的，因此，没有人能真正完全掌握与他人建立有价值关系所必需的一切技能。我自己以及其他许多人每天都在很努力地为获得更好的商业关系而奋斗。当然，有些人比其他人更擅长创建和培养商业关系，可是，这并不意味着只有天生魅力超凡的人才能赢得客户的忠诚。这些年来，我一直在观察、研究、倾听、思考和记录着作为一个“连接者”所需要具备的性格特质和技能。

需要明确的第一件事情就是，每一位优秀的连接者都拥有高水平的智力。这里说的智力可不是我们通常理解的用智力测验来衡量的智力，我说的是社交商，它是不能通过像智力测验那样的粗略测试来衡量的。美国的高中经常设立的诸如“最有可能成功奖”（Most Likely to Succeed）之类的奖项，通常也无法识别出那些实际取得成功的人。门萨（MENSA）组织是世界顶级智商俱乐部，但其成员通常也并非是那些在商业中取得最大成就的人。如果教室中最聪明的人不等于商业成功人士，什么样的人才能成为叱咤商业战场的风云人物呢？现在，就让我来打破这个导致我们职业或事业停滞不前的神话吧：学习成绩优秀与否，以及是否具有能在各个学科中取得优异成绩的聪明才智，并不是衡量一个人能否在商业中取得成功的标准。要想取得成功，你还必须具备很多其他性格特质和技能，而与他人建立关系的能力便是其中之一。

打破神话：智商测验不能作为衡量成功与否的标准

20 世纪初期，为判断哪些巴黎小学生能在小学阶段取得优异成绩，阿尔弗雷德·比奈（Alfred Binet）开发出了一套测评试题，由此拉开了智商评估（即 IQ 测验）的历史序幕。第一次世界大战期间，美国军方在招募新兵时，曾经对 100 多万报名者进行了智商测验，此后，智商评估扩大至学术能力评估测验（SAT）、美国大学入学考试（ACT）、美国研究生入学考试（GRE）、米勒类推测验（MAT）以及很多其他类似的测验。但不幸的是，这些测验没有一个能准确预测出被测对象今后在商业中能取得多大成功。事实上，近期的研究表明，智力水平最多只能对个人的事业成功产生 25% 的影响，而其他分析显示，智商对成功的贡献可能不会超过 4%~10%。这对那些热衷于进行各类智商测验的人来说不啻是当头一棒。心理学家爱德华·桑代克（Edward L. Thorndike）坚持认为人类有三种“智力”，分别是抽象智力、机械智力及社交商。在 20 世纪 30 年代发表于《哈珀斯》杂志（*Harper's*）的一篇文章中，桑代克将社交商定义为“理解他人和在人际关系中采取明智行动的能力”。他坚信社交商与学术能力不同，社交商才是决定个人取得生活和事业成功的决定性因素。

卡尔·阿尔巴切特（Karl Albrecht）在其著作《社交商》(*Social Intelligence: The New Science of Success*) 一书中给社交商下的定义是：对他人情感、需要和兴趣的感知（有时被称为“社交雷达”），对他人慷慨大方和体贴的态度，以及在各种情境下建立成功人际关系的一系列实践技能的组合。科学家和教育学家已经识别出至少 6 种截然不同的人类行为能力，而社交商就是其中之一。它是人类与生俱来的一种能力，因此对于它在个人生活和职业成功方面所扮演的重要角色也就不足为奇了。

如果你足够聪明，为什么没钱

智商评估方法长期以来被用于区分人们：那些拥有高智商的人被想当然地认为优于那些低智商的人。尽管如此，用智商来识别人们在财务方面的成功却不那么灵验，并因此产生了一句广为流传的话：“如果你足够聪明，为什么没钱？”究其原因，智商测试只是考察了下述个人能力：

- 遵从指示的能力；
- 遵循测试开发者所确立的正确步骤，进而实现其预先设定的结果的能力；
- 记忆历史、科学数据及其他事实和概念的能力。

智力定义的困境在于，它考量的是某些可以取得预期结果或限制性成功的素质或技能，而并非社交商中所包含的那些素质。没错，要想在智商测验中取得高分大脑必须足够聪明，但是要想获得财富却远远不止这么简单，它需要超强的心理智慧。

如果你很聪明，为什么却做了那么愚蠢的事

西奥多·卡钦斯基（Theodore Kaczynski）被认为是一个天才。他毕业于大名鼎鼎的哈佛大学，并在同样名列世界顶尖学府之列的伯克利大学担任教授，但就是这样一位天才却堕落成为一个人尽皆知的“大学炸弹客”。1978—1995年间，他多次向受害人寄出邮包炸弹。让人想不通的是，如此聪明绝伦的一个人——拥有超高智商、毕业于世界上最著名大学之一并且担任名校教授，怎么会做出如此令人不齿的事情来呢?

卡钦斯基的例子提醒我们,或许我们将学术能力或逻辑数学能力等同为“智力”的理论和做法本身就存在着某些致命的错误。毕竟，“大学炸弹客”的存在就是一个显而易见的事实，他可以在智商测验中取得令人艳羡的高分，但却无法正确地区分善恶或根本不在乎对与错。如果智商的概念能扩展至包括个人对社会的同情心和关怀心，那么无论多聪明，“大学炸弹客”都不会被认为是一个天才了。

我们天生就具有相互连接的能力

我们很容易就会发现，复杂的人类有一种特殊的能力，即与其他人以一种直接的方式进行连接并建立更深层次关系的能力，当然，有些人在这方面比其他人表现得更明显。比如，在高声尖叫的观众面前进行表演的演员、激情四射的老师、被下属深深爱戴的领导者，或是受到员工无比钦佩的经理……在他们身上都能发现这项素质。他们能识别和激发他人的反应和情绪，这就是进行连

接和建立关系的全部所在！

1995 年，《纽约时报》专栏作家、心理学家丹尼尔·戈尔曼出版了一本名为《情商》（*Emotional Intelligence*）的书。在这本书里，他讨论了“人类管理自己的情感和内在潜能以建立积极关系”的能力。其基本观点是，我们的情感在思考、决策和个人成功方面发挥的作用远比我们认为的大得多。在他的第二本著作《社交商》（*Social Intelligence*）中，他将研究范围扩大至包括人类与别人进行连接和建立关系的能力。戈尔曼说：“我们体内有无数神经系统，这些神经系统在无形中将我们与我们之外的人连接起来，并促使我们与他人进行连接。神经科学已经发现，正是我们大脑的构造本身使大脑喜爱交际：不论我们何时与对方进行交谈，我们的大脑和对方的大脑之间都会自发地进行私密而无形的脑对脑连接。这种神经的桥梁使我们能对对方的大脑和身体产生影响，正如对方对我们的大脑和身体产生影响一样。”

人与人之间的每一次互动都会引起情感的变化，并刺激我们的神经系统、荷尔蒙分泌、心率、血液循环、呼吸和整个免疫系统。戈尔曼的观点是，既然我们的大脑确实能对社交进行自发的反应，我们就必须意识到这一点，并且明白我们的情绪会影响与我们接触的每一个对象的生理反应。

社交商是情感智力中的人际关系部分。如果我们的大脑天生就善交际，那么我们与他人的交流就是一个双行道：在每一次交流过程中，我们既会引发对方的反应，同时也会对对方的行为做出相应的反应。这类似于精神之间的交谈，也是融洽的关系与情感产生的原因，甚至是建立任何有效关系的基础。其他人要么让我们感到愉悦，要么让我们心情郁闷，但无论如何，他们总会给我们带来某种感受。

社交商能作为衡量商业是否成功的标准吗

在商业中运用社交商理论已经被证明能带来积极效果，比如，它能指导商人和公司与客户建立更好的关系，有助于生意完成得更迅速，并且减少他们在销售过程中所面临的阻力。此外，客户很可能会提高对你的支持和尊敬程度，但事实上，它所带来的好处远不止于此。拥有较高社交商和连接能力的人们通常也是非凡的领导者，而非凡的领导者能完成常人无法完成的一项艰巨任务：让人们行动起来。

1998 年，戈尔曼在《哈佛商业评论》上发表了一篇名为《是什么造就了领导者》（*What Makes a Leader*）的文章。此后，人们开始关注进行连接和建立关系在商业活动和领导行为方面所扮演的重要角色。研究者发现，领导者的一些行为，例如向他人展现情感共鸣，主动调整自己的行为和情绪以适应对方的情感等，不仅对他们自己的大脑产生了影响，还对对方的大脑产生了不同的化学反应和生理反应。因此，我们可以得出如下结论：成为出色的领导者的最佳方式就是提高大脑之间对话的有效性。戈尔曼说道："有效的领导，与其说是善于运筹帷幄或精通整套社交技能，不如说是发展自己对其他人产生积极感情的真正兴趣和才能，尤其是在你需要对方合作或提供支持时。"

领导者需要社交技能的观点早已不是什么新鲜话题。1920 年，桑代克便提出：如果主管缺乏社交商，那么即使工厂拥有技术最好的机械师也没用。哈佛大学的克劳迪奥·费尔南德斯·阿劳斯（Claudio Fernandez Araoz）在一篇分析新 C 级（new C-Level）主管的文章中也阐释了这一点。这些所谓的新 C 级主管可能起初因为自己出色的自律、干劲和高智商被聘用，但不久之后则会因缺乏基本的社交技能而被解雇。换句话说，阿劳斯的研究对象都拥有令人羡慕的高智商水平，但在工作中对与形形色色的个体打交道却显得束手无策，这不得不成为他们攫取成功的致命硬伤。

上文已经提到过，在商业中运用社交理论已经被证明能带来积极效果，那些非凡的领导者能完成常人无法完成的艰巨任务，即让人们行动起来。而这种行动将转化为客户持续购买他们的产品或服务，对他们的产品或服务永远充满激情和期待，时刻准备追随他们的步伐等。

社交商及其对政治的影响

毋庸置疑，运用社交商是政治家在政治舞台上大放异彩的一个很重要的因素，因为政治家的目的就是在一个特定的选区获得大多数选民的支持和投票。因此，与选民进行连接的能力就成为政治家政治生涯中最不可或缺的因素。想想罗纳德·里根、比尔·克林顿以及巴拉克·奥巴马，他们正是凭借自身不可抗拒的非凡魅力，吸引了无数美国民众，将他们紧紧团结在他们身边。

写到这儿，我回想起1988年我踏出大学校园的第一份工作。当时我在威斯康星州的赫布·科尔（Herb Kohl）的竞选阵营工作。科尔当时正在竞选美国参议院议员。他是一位身家上千万的连锁超市（即科尔食品店）前老板，后来他的注意力转移到政治领域上来，并正式宣布想通过成为参议院议员的方式来回报威斯康星州的人民。

在他的竞选过程中，科尔自掏腰包负担了大部分竞选活动的经费，有些人将此归为他赢得政治生涯中第一场选举的原因。但是，如果回顾他在商业和政治领域的双重成功，我们不难发现，仅仅有钱是远远不够的。

我当时在科尔的竞选阵营中工作，因此我亲身体会到了他在与他人进行连接和建立关系方面表现得是多么出色。科尔从不穿昂贵的衣服，也不开豪华的汽车，所以仅从外表来看，他跟普通人没什么两样，但是当他会见别人时，他总能给对方留下深刻而难忘的印象。他与对方握手的时间比一般人都要长，并在握手的同时注视着对方的脸，这会给对方他正在努力记住你的感觉，事实上他也的确在调动全部脑细胞进行快速记忆。在与对方交谈的过程中，他总是兴致勃勃地倾听对方的谈话，绝不分心。毫无疑问，当你跟科尔交谈完后，你会对他有一种与众不同的感觉，因为他的行为举止表明他有多么在乎你，这是很不寻常的能力。此后20多年，他就是用这种方式不断地赢取竞选，直至今天仍然如此。

当我们需要招募志愿者来帮助组织集会、张贴竞选标语和动员选民投票时，我们首先考虑的总是科尔的前员工。这些旧部下之前曾在科尔家族的连锁超市中工作过，他们也是他最忠诚的支持者。他们最先响应招募电话，并且对科尔在政治领域的成功充满激情，他们打心眼儿里喜欢他！

我曾问过几个科尔的前员工为什么他们如此积极地帮助科尔，他们告诉我："哦，科尔认识我，他认识每一个为他工作过的人。"事实上，科尔知道他们的名字，甚至他们孩子的名字。每当碰到他们，科尔就会问些家常，跟他们攀谈一会儿，他从没忘记一张脸、一个名字或一个故事。由于他与生俱来的跟他人建立关系的能力，我们最忠诚的工作人员都是那些曾经在科尔的连锁超市中工作的人。你要知道，这些旧部下遍布威斯康星州的每一个角落！科尔最终以压倒性优势赢得了他政治生涯中的第一场重大竞选，这不得不归功于他与他人建立深层次关系的能力。讲到这儿，你应该明白了，帮助科尔与他人建立关系的不是他口袋中的金钱，而是他展现出的理解他人、易于与他人相处的高超本领。

科尔直至2011年仍然是威斯康星州的在职参议员，民意调查显示，他是该州最受欢迎的人。他是一名慈善家，也是威斯康星州美国职业篮球联赛密尔沃基雄鹿队的老板，还是一名服务时间超过20年的公职人员。他是一个给予者，同时也是一个连接者，他的成功和受欢迎度来自于他给别人留下印象和感觉的方式。

何为社交商

什么是所谓的能让人们行动起来、购买你的产品并追随你的社交商？非常简单，它无非就是你让他人产生感觉的方式。

行为神经学发现，大脑的许多分散区域中存在着镜像神经元，它是在意大利科学家观察猴子大脑中的某个特殊细胞时偶然发现的。一天，一名实验室助手将一个冰激凌甜筒举到自己嘴边，结果被猴子看到后竟然激活了猴子的神经元反应，这是人类第一次证实大脑中存在能模仿其他人动作的神经。这种之前未被人类发现的大脑细胞的运动让我们能在社会中顺利生存。当我们在有意无意地通过其他人的行为观察到他们的情感时，我们的镜像神经元就会复制这种情感。归纳起来，这种神经元创立了一种对共享经验的即时感受，而这产生了引发某种行为的情感。

社交商可以通过学习获得吗

尽管有些人天生就具有很强的社交能力，但是社交商仍然可以通过学习不断提高。我们可以通过不断提高社交商来建立和赢得更好的商业关系，最终获得更大的成功。你所要做的只不过是识别出于你需要改进的领域，并不断提高、改善它们。

我经常使用有效的评估工具来帮助我的客户提高他们的自我认知、社交商以及与他人建立关系的能力。有很多工具可以评估我们的性格和交流技能，其中，我们公司（红色地带营销公司 [Red Zone Marketing]）的“连接者智商评估”（Connector IQ[C-IQ] Assessment）是非常有代表性的一种工具，第 3 章你将有机会接触到该评估方法。整个测试有助于对自己的社交技能熟练程度进行打分，更重要的是，它会帮你意识到你在进行连接和建立关系方面的长处和短处。

另外一个被广泛使用的评估方法（我本人也获得相应的从业资格）是基本人际关系倾向测验（Fundamental Interpersonal Relations Orientation，FIRO-B）①。该评估方法在以下三个方面提供了一些关于基本人际关系度量的信息：

- 包容：你在多大程度上能将他人容纳到你的生活中？你想从他人那里获得

① 基本人际关系倾向测验对应的英文是“Fundamental Interpersonal Relations Orientation”，其缩写应为“FIRO”，而原文给出的是“FIRO-B”。FIRO-B 应是“基本人际关系倾向—行为理论”的缩写（参见本书第 3 章）。原文此处似有误。——译者注

多少注意力和承认度？

- 支配：你在多大程度上对他人造成了影响？你期望他人在多大程度上引导并影响你自己？
- 情感：你对其他人的态度有多热情？你期望其他人对你多热情？

位于北卡罗来纳州格林斯伯勒市（Greensboro）的创意领导力中心（Center for Creative Leadership）进行的一项研究发现，上述三个度量值中只有一个能将最优秀的1/4的领导者同他们的同行区分开来，这个度量值可能跟你一直想象的完全不一样。尽管人们通常认为第二个方面“支配”是最行之有效的领导方式，但上述研究的结果显示，区分顶层和底层商业领导者的度量值是第三个方面“情感”，即一个领导人对他人表达了多大程度的喜爱，以及他希望得到其他人多大程度的喜爱。换句话说，表现最好的25%的领导者比表现最差的25%的领导者期望展现并获得更强烈的情感。最有效的领导者是那些能与他人建立关系、理解他人和鼓励他人的领导者，他们愿意在进行最后决策时参考下属的意见。

接下来，你将有机会测评一下自己在社交商开发方面的真实状况。在下一章，我们的连接者智商评估将帮助你了解自己与他人进行连接和建立关系的真实情况。

第3章

连接者智商评估

我是一个擅长社交的人吗

在这个时代，对于获得成功而言，没有什么比与他人进行连接并建立有效的商业关系更重要的了。商业人士具备与他人建立有意义关系的能力非常关键，虽然在技术层面上人们变得越来越紧密，但在心理层面上人们远远没有达到这种紧密程度，因此，商业人士具备与他人建立有意义关系的能力非常关键，只有那些能够创设联系、理解他人及发展有效关系的商业人士才能开启通往成功殿堂的大门。

如何才能提高自己与他人进行连接并建立关系的能力呢？为了确定你属于哪一种连接者，请完成下面的测试。

THE CONNECTORS 连接者测试

连接者智商评估

请立即回答下列问题，选择最能反映你目前状态的答案，而不是你希望的答案。如实作答非常重要，因为这个评估仅仅是为了让你了解你自己。

1. 我寻找与其他专业人士建立关系的机会。

每天 每周 每月 每年 从不

（4） （3） （2） （1） （0）

2. 我寻找机会安排我认识的人互相认识和联系。

每天 每周 每月 每年 从不

（4） （3） （2） （1） （0）

3. 我对其他人的事业感兴趣，并询问他们与之有关的问题。

总是 经常 有时 偶尔 从不

（4） （3） （2） （1） （0）

4. 我主动与我社交圈中的朋友进行联系。

每天 每周 每月 每年 从不

（4） （3） （2） （1） （0）

5. 我会问很多关于其他人的问题。

总是 经常 有时 偶尔 从不

（4） （3） （2） （1） （0）

6. 在与别人交谈的过程中，我倾听对方说话的时间比自己主动发言的时间多。

总是 经常 有时 偶尔 从不

（4） （3） （2） （1） （0）

7. 我寻找机会将我认识的人推荐给别人。

总是 经常 有时 偶尔 从不

（4） （3） （2） （1） （0）

8. 我主动联系导师、顾问或领导者。

每天 每周 每月 每年 从不

（4） （3） （2） （1） （0）

9. 我积极地投身于专业组织举办的各项活动中。

每天 每周 每月 每年 从不

（4） （3） （2） （1） （0）

10. 我与其他专业人士有计划地进行联系。

每天 每周 每月 每年 从不

（4） （3） （2） （1） （0）

11. 我使用社会化媒体。

每天 每周 每月 每年 从不

（4） （3） （2） （1） （0）

12. 我与我的雇员或同事进行合作，并且在得出新想法上共同决策。

总是 经常 有时 偶尔 从不
（4）✓ （3） （2） （1） （0）

13. 我努力让他人记住与我一起相处的时光。
总是 经常 有时 偶尔 从不
（4） （3） （2）✓ （1） （0）

14. 我关注所有与他人有关且对他们很重要的谈话、演讲和会议。
总是 经常 有时 偶尔 从不
（4） （3） （2）✓ （1） （0）

15. 我会将个人生活点滴记录发给别人，或给别人发送与工作无关的私人邮件。
每天 每周 每月 每年 从不
（4） （3） （2） （1）✓ （0）

16. 我采用主动倾听的技巧。
总是 经常 有时 偶尔 从不
（4） （3）✓ （2） （1） （0）

17. 我会拿出些时间与商业伙伴就一些与工作无关的个人问题进行交谈。
总是 经常 有时 偶尔 从不
（4） （3） （2） （1）✓ （0）

18. 我会将自己的个人信息披露给商业伙伴。
总是 经常 有时 偶尔 从不
（4） （3） （2） （1）✓ （0）

19. 在做商业决策时，我会邀请别人参加。
总是 经常 有时 偶尔 从不
（4） （3） （2）✓ （1） （0）

20. 我计划扩大自己的专业人士圈子。
每天 每周 每月 每年 从不
（4） （3）✓ （2） （1） （0）

将你所选答案下面的分数加总，并将你的总分与下述连接者类别进行对应：

60~80 分＝强力型连接者

你几乎每天都与他人进行联系、沟通，并且主动建立和维护与他人的关系。你已经意识到了与他人进行联系的重要性，并赋予其相应的关注；你对他人的经历感同身受，真心实意地关心他人，对他人的事情感到好奇，且认为与他人建立关系是非常强烈和无法抗拒的需要。你是一个强力型的连接者。

40~59 分＝活力型连接者

你与他人进行联系，但可能不是每天都这么做。你可能会发现其他人跟你一样频繁，甚至比你与他们进行联系更频繁地与你进行联系。你对他人有极大的兴趣，并且希望与他们联系和沟通。你明白关系对你的事业非常重要，但是你并不是每天都能将注意力集中到这件事情上。你是一个有活力的连接者。

39 分或低于 39 分＝散漫型连接者

你与他人进行联系，但这并不是你工作中的重点。你很可能与其他人建立了牢固的关系，但是你不想或没有兴趣进一步发展关系，也不想与更多人建立关系。你与他人进行联系时往往是被动而不是主动进行的。你是一个散漫型连接者。

现在你应该清楚自己属于哪类连接者了吧？那么，从今天开始，请好好运用这些信息，再加上你想进一步改善的计划——哪怕只是一点点，然后将其转变为我们期盼的事业成功吧，你会发现那种世界上最成功的商业人士所专享的荣耀就在不远处。

提高连接者智商：了解自己是第一步

提高连接技巧最重要的行动就是了解你自己，这也是我们必须进行的第一项活动。一旦了解自己的实际情况后，你就可以着手进行改善。试想一下，如果你意识到你无意中做的一些事情对你非常在乎的人产生了负面影响，那么你肯定想马上改变你的做法，我说的没错吧？

我们在努力实现商业目标的过程中，总会不断考虑自己的营销战略和销售战术。事实上，在我们无法实现商业目标时，我们也同样会考虑这两个方面。但是，有时候业绩缺乏增长可能完全是由于其他一些因素造成的，因此仅考虑上述两个方面是远远不够的。话虽这么说，但我们在能够评估自己的处境之前无法预先得知这些其他因素。

接下来这个例子是关于我们红色地带营销公司的一个客户的。这位客户是一位女性企业家，她总是希望自己能让生意更上一层楼，但是很遗憾，她在过去的经营中一直无法得到自己想要的结果。她已经在营销和商业开发方面投入了大量的时间、精力和金钱，比如阅读每一本能得到的书和杂志，拥有无数含金量很高的行业证书，以及尽最大努力聘请最好、最聪明的员工，但她依然没有实现自己梦寐以求的目标。公司的经营状况每况愈下：推荐人数量逐年下降，从现有客户处获得的新业务数量没有任何增长，开发新客户也变得越发困难。

在对她的管理方式进行深入调查并与她的客户和员工进行了几次面谈后，导致该客户业务增长乏力的原因终于浮出水面——她的员工是问题的关键所在。她的员工没有像她那样高涨的热情，他们不在意业绩提升与否，也不尊重她做出的决策。通过进一步对员工进行访谈和调查，我们发现，原来导致员工工作不努力的原因竟然出在这位企业家身上，即员工们普遍对她印象不佳。她本身是一个非常拼命工作的人，对他人要求很高，并且在她看来，没有什么比向客户提供最好的服务更重要的事情了，但是，我们发现她的员工一点儿也不喜欢她。

当我们把这些发现告诉她的时候（这可不是件好差事，对我们而言，我们感到难以说出口；对她而言，无疑是一个非常令人难堪的信息），她非常震惊，脸色变得煞白。她之前完全没有意识到自己对员工的行为态度有哪些不妥，也一点儿没留意到员工对她的评价竟然如此糟糕。一切的罪魁祸首竟然是她自己？“公司的业绩一直没有提升的原因并非是我们遇到了强有力的竞争对手，而是因为自己？”她感到难以置信。

显然，我这个客户非常在意、关心她的员工，但是对成功和服务客户的过分追求让她忽视了成功企业最重要的组成部分——企业员工。她的大部分员工只是每天例行公事般地联系一下客户，他们对向客户提供的服务缺乏激情和奉献精神，他们并不是在为公司的最佳利益工作，因为他们根本就没有打算在这家公司长待。

在我的客户意识到自己的行为和态度对她的员工造成的负面影响之后，她马上就转变了行为方式，一秒也不耽搁。她立即召开了一个临时员工大会，告诉员工她对他们的感受，接着她与他们分享了自己的故事：在她幼年的时候，她祖父的公司不幸破产，这给她的家庭带来了巨大的痛苦和困难。她亲眼目睹了这场变故对她家庭的毁灭性打击，这就是为什么她如此害怕失败的原因。她也告诉员工自己的职业目标是尽可能帮助更多的人，这样她就可以避免失败。她提供了一些背景信息以让员工明白她为什么是这样一个人。会议最后，她赞美了每一位员工身上所展现的闪光点。不必多说，通过这次会议，她的员工意识到某些事情正在悄然发生变化，但坦率地讲，他们当时并不相信这种改变会持续很长时间。

尽管遭遇了员工的不信任和质疑，这位企业家却毫不动摇地继续行动下去。她的解决方案是关注自身、自己的行为方式及他人对其行为方式做出的反应。她从不试图转移员工的不满，也不对员工发火。经过深思熟虑，她决定今后不再增加员工的休假时间（她之前已经给员工提供了额外三周的假期），也不打算组织全体员工去豪华场所度假。她只是在每一次与员工相处的过程中，用与以往不同的方式尊重他们，因为她现在已经知道问题出在哪里了。

毫无疑问，这种改变不是一朝一夕就能轻易完成的。在每一天结束时，她都会就下述事宜进行反思：

- 今天都做了哪些事情，审视自己与员工和客户互动的方式。
- 对今天给他人的积极影响从 A ~ F 进行评分。
- 记下今天所取得的成就和犯下的严重错误。

她花在反省上的时间越多，她就越能清楚地意识到自己的言行举止对员工的潜在影响。她开始学会预料人们对她将要谈到的事情会产生何种反应，她预先排练可能发生的谈话，并且她对自己和所采取的改革形成了更清晰的认识。这种事先的思想准备增强了大脑的神经连接，使这种联系更有效。事实上，这也是为什么运动员、舞蹈家、演员、飞行员和其他精密行业的专业人士花很多时间反省自己之前行为的原因。

她做出改变后的结果在业绩回报上显而易见，公司的所有方面都开始向好的方向发展。短短一年的时间里，从现有客户处发展而来的推荐人数翻了一番，业绩比上一年增长了 23%，求职者要想在公司找个空缺职位也变得相当困难。她实现了长期以来的梦想——仅仅因为她知道了如何跟其他人相处。

那么现在，你知道自己应该如何与别人进行交往了吗？

其他有用的评估工具

下面几个方法同样可以用来评估你与他人建立关系的能力。

FIRO-B：基本人际关系倾向 – 行为理论

基本人际关系倾向理论（Fundamental Interpersonal Relations Orientation）[①] 是由著名心理学家威廉·舒茨（William Schutz）于 1958 年首次提出的人际关系理论。根据舒茨的理论，人际关系中有三个基本需要，它们是解释绝大部分人类交际行为的必要充分条件。这三个需要就是我们在第 2 章谈到的包容需要、支配需要和情感需要，它们可以衡量一个人在社交、领导及承担责任方面与他人的互动行为。

---

① FIRO-B 对应的英文是 Fundamental Interpersonal Relations Orientation-Behavior，而不应是原文中的 Fundamental Interpersonal Relations Orientation。原文此处似乎有误。——译者注

基本人际关系倾向－行为理论是在基本人际关系倾向理论基础上创立的，这一理论分别对上述三个方面按照不同的等级进行评估。该测量工具从表达和需要两个角度将人们的行为各分为0~9级，以此来界定人们对他人传达的行为以及自己希望获得的行为。类型如下：

- 包容类型：① 低社会行为　② 超社会行为　③ 理想的社会行为
- 支配类型：① 服从型　② 专制型　③ 民主型
- 情感类型：① 低个人行为　③ 超个人行为　③ 理想的个人行为

MBTI 人格理论

MBTI 人格理论是一种被广泛运用的评估测试，通常被用于职业和教育领域，以评估14岁以上的青少年及成人的性格类型。每年都有数百万人参加该测试，使其当之无愧地成为国际最为流行的职业人格评估工具。这个测试于1942年由同为心理学家的凯瑟琳·迈尔斯·布里格斯（Katharine C. Myers Briggs）和伊莎贝尔·布里格斯（Isabel Briggs）母女两人首先提出的。目前这个测试有很多种版本，其中M表格（包含93项内容）最受业内青睐。

MBTI 人格理论是以著名心理学家卡尔·荣格于1921年发表的著作《心理类型》（*Psychological Types*）中的心理类型理论为基础的。荣格认为，人类的性格无外乎内倾和外倾两种，且人类的行为都源自与生俱来的性格类型。同时他认为，正是因为人们有各自不同的性格特质，所以每个人都会以不同的方式接收和处理信息。

MBTI 人格理论在下述4个心理类型的基础上评估性格类型和偏好：

- 外倾（E）或内倾（I）
- 感觉（S）或直觉（N）
- 思维（T）或情感（F）
- 判断（J）或知觉（P）

科尔比指数

科尔比指数（The Kolbe Index）可以测量一个人本能的行为方式，并识别出对他而言最有效的行为方式，它评估的是人们本能的行为模式。根据该理论，这种本能的行为方式是一种天性，并不会随着时间的推移发生变化。换句话说，不同的人可能对同一个挑战的反应是不一样的。假设这个挑战是学习瑞士语，不同的人可能会出现下面 4 种不同的行为模式：

- **快速开始者：** 如果你属于这类人，你可能会立即购买一个网上课程开始学习，并叫上几个朋友开始练习瑞士语。虽然一开始你说得非常糟糕，但是你不会放弃，直至自己能流利地说出口为止。你会立即开始着手练习，虽然其中夹杂着很多错误。
- **事实发现者：** 在正式开始学习瑞士语之前，你会花较长时间来阅读、研究和提问，并且仔细研究瑞士语的独特之处，然后才开始真正学习它。
- **实施者：** 当地一所大学已经开设了一个培训课程，你半途插进来旁听，以此学习瑞士语。
- **跟随通过者：** 你很可能在当地一所大学正式报名参加一个语言培训课，然后根据课程安排系统、深入地学习相关科目。

了解他人的性格特质和行为方式

了解现有客户和潜在客户的性格将有助于你更充分地了解他们的需求，这对客户满意度和客户忠诚度而言是非常重要的。我们合作过的财务顾问及其他行业的专业人士均认为，了解他人几乎与了解自己的核心产品一样重要。在这里，我们说的核心产品是指投资。能够快速评估客户性格和需求的能力是成功的投资专家最重要的一项技能，并且能在推动客户迅速采取行动以及在发展长期、忠诚的客户方面发挥举足轻重的作用。

一位财务专家在与一位投资者进行交谈时，可能会更多地向投资者描绘整个投资规模的宏伟蓝图，却避而不谈投资组合中的各个具体产品。这位财务专家可能非常乐意听到投资者说："别的不用多说，只要告诉我这个投资组合现在的投资收益状况如何就可以了。"但是现实中，这位投资者可能更关心投资组合中的各个具体的投资产品、它们的历史收益，以及为什么它们会被选入投资组合中，而不是仅仅设想今后投资规模的美好前景。如果沟通和传达的信息之间存在差距，那么关系是不可能建立起来的。

在与他人进行连接和建立关系的过程中，知己知彼，进而使自己与对方的性格类型相合拍是非常重要的。丹尼尔·戈尔曼在《社交商》一书中甚至对此给予了更高的评价："与他人交往的过程实际上就是使行为和习性与对方同步的过程。这种同步程度越高，交往的双方对彼此的感觉就越好。"

什么原因促使你的客户和潜在客户有所行动？这是一个没有标准答案的问题，我们只能说因人而异，因为每个客户都是与他人不同的独立个体。了解对方的性格特点极其重要——不论你是在与人交谈，还是在进行销售推广活动。性格对于购买行为会产生重大的影响，如果你能设法使自己的沟通方式符合客户的性格类型，就会更有效地让客户或潜在客户行动起来。当你非常清楚地知道了自己的性格类型时，你就能更好地识别你的客户的性格类型，并知道他们与自己有何不同——这样你就不会在宣讲中一味地把自己认为好的东西推荐给他们。

作家米奇·安东尼（Mitch Anthony）在他的著作《情商销售》（*Selling with Emotional Intelligence*）中指出，在客户可以选择的情况下，他们最有可能接受给他们情感带来最小负面刺激的意见。如果你能准确识别客户的性格类型，就可以轻而易举地明白他们是如何接收信息的、他们对某些行为的倾向是什么，以及他们会如何看待决策和结果。

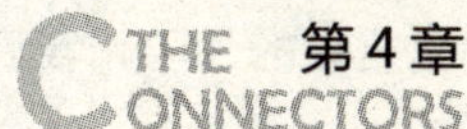

第4章

连接者公式

建立有价值关系的基本原则

当你评估完自己的连接者智商后，你对结果感到吃惊吗？其实不论得分高低，每个人都会有进步的空间。也许你是一个非常棒的连接者，已经运用这方面的技能与客户建立起了良好的关系，又或许你对自己与人建立关系的能力缺乏足够的自信，总之，你一定可以变得更好——哪怕只是一点点。

在红色地带营销公司，我们看重的是自我提高的能力——甚至有时可能只是“稍作调整”，这种自我提高的能力可以被看作是成就成功的巨大机会，但可惜它经常被人忽视。用橄榄球来打比方就是，假设你已经位于防守方的红色区域内（离得分线 18.3 米的区域内），虽然同样位于防守方的得分区域内，且都有能力持球触地，但是在进攻过程中，普通选手和一流选手所花费的时间相差甚远。同样地，即使你建立关系的能力已经达到了一个比较高的水平，你也需要不断地向更高水平努力。如果你想达到更高层次，实现一直以来梦寐以求的成功，今年就必须加把劲儿完成更多的销售任务——用更小的力气、以更快的速度完成更多的销售订单。如果你想拥有更忠诚的客户关系，首先你需要积累更多的客户资源。

那么，一流的连接者是如何做到既能源源不断地获得新客户又能保留住原有客户的呢？接下来我们不仅会告诉你他们都做了些什么，同时还要与你分享他们是如何做到这一点的，这才是我们的目的。我们相信，关系在商业中是非常重要的，因此我们的目的就是找到成功商人建立良好关系的具体技能。

连接者的五大特质

在红色地带营销公司，我们对世界上最出色的一些商人和连接者（他们靠在商业中创造关系而谋生）进行了研究和访谈。通过研究，我们总结出了这些最杰出人士身上所具备的五大特质，正是这五大特质激发并指引他们形成了与他人构建关系的能力，进而创造出超一流的销售业绩。他们并非天赋异禀，这些特质无非是人们的普遍共识，只是绝大多数人不能熟练并坚持运用这些技能罢了。

这些成功人士每天在他们的工作中运用他们的智力——准确地说是社交商，来实现他们的商业目标，提高销售业绩并创造持续性的客户关系。

在本书的第二部分，我们会详细地讨论这五个特质，下面仅就每个特质进行一下概括性的介绍：

1. 拥有共情力：为他人着想会给你带来更多。

处处为他人着想可不是随口说说这么简单。毕竟，我们的本性总是驱使我们过多地关注自身的利益。但是，如果我们能多为身边的人考虑一下，并与他们进行真正的情感联系——比如他们对这件事有什么感受，这件事是如何影响他们的，以及他们为什么要关心这件事等，那么意想不到的改变就会随之而来。

当你像对待你最要好的朋友那样对待你的客户和员工时，他们会将你对他们的态度理解为你对他们的在意和关心。这样，他们会因为你对他们的尊重而对你抱有好感，从而把你与其他人区别开来。因此，为他人着想事实上也能给自己带来更多机遇。

能处处为他人着想的杰出销售人员和领导者，在与客户建立关系中获得了自身事业的巨大成功，但是最令人感到不可思议的是，两个互不认识的人也可以建立富有意义的关系。

奥普拉·温弗瑞是拥有共情力的典型代表。奥普拉的事业包括帮助他人、向他们提供建议、推荐好书给他们、跟他们一起娱乐等。奥普拉在心里时时刻刻装着别人，是给予者中的最佳榜样。她是世界上最富有的人之一，并且拥有一大群忠实的粉丝，这些粉丝每天雷打不动地收看她的节目、阅读她的著作。

2. 倾听，充满好奇地倾听：关系不是靠能言善辩的嘴巴建立起来的。

你擅长倾听吗？这是一个特别有意思的问题。因为倾听与听是两个完全不同的概念，它是一项必须通过学习才能获得的技能。积极地倾听要求倾听者既要理解说话者已经明确说出来的意思，也要理解他们的“弦外之音”。要做到这一点相当不容易，因为基本上，听众总是忙于思考如何响应谈话者正在谈论的内容，从而错过了很多谈话者真正想传达的信息。杰出的倾听能力对于理解谈话者正在表达的内容是非常关键的，而对方对你的好感也同样重要——你是如此重视他们的言论，并对他们的经历感同身受。

好奇的倾听者的典型代表是李·艾科卡 (Lee lacocca)。他是克莱斯勒汽车公司的前 CEO，他将自己在克莱斯勒的成功归功于良好的倾听能力。他说道：“领导者必须展现出他的好奇心。他不应只满足于内部小圈子的俯首恭听，还必须倾听圈子外部人士的意见。商界人士在倾听上花的功夫至少要像他说的一样多。太多的人都没有意识到真正的沟通是双向的。”

3. 多问有助于建立关系的问题：给别人开口说话的机会！

如果与你交谈的一方一言不发，你根本没办法倾听，对吧？因此，为了与他人建立真正的关系，你需要提些好问题以显示你对对方抱有极大的兴趣，这么做也能帮助你更多地了解对方，进而有助于你运用你的倾听技能。

通过提问来了解和倾听的典型代表是杰克·韦尔奇（Jack Welch）（“中子弹杰克”？他是一个连接者？没错！）。尽管杰克·韦尔奇被公认为是一个杰出的商业领导人，但是他在建立温和型关系方面的作为却没几个人知道。实际上，他与他人建立良好关系的技能在通用电气的发展过程中扮演了重要角色。对韦尔奇这位通用电气的传奇式前CEO和商业领导人而言，与员工进行连接和建立良好关系是他取得成功的不二法宝。他知道问员工什么问题，也总能在正确的时刻提出正确的问题。为了了解通用各个业务单元的战略问题和当前发展状况，他总是能提出恰到好处的问题。从提问中他获得了做出正确决策所需要的信息，这些信息也有助于他领导自己的团队。

4. 让生意自动完成：用创造性思维进行销售，而不是硬把你的东西塞给别人。

一个千辛万苦建立起来的关系可能因为你使用了传统的销售技巧而破裂。我们发现，出色的连接者能够运用与客户建立起来的关系顺利地拿到多的订单。事实上，他们基本上不需要销售，而生意主动送上门来的秘密在于购买者对某种商品或服务有极为强烈的购买欲望。如果有人想要你的产品，想追随你，想有所行动，生意就自然而然地完成了，根本不需要你主动出击。伟大的领导者总是能使生意自动完成，只是大部分情况下你不知道罢了。他们的激情极富感染力，以至于你发现自己不知道从什么时候开始已经追随在他们左右了。

能使生意自动送上门来的典型代表是弗雷德里克·史密斯。他是一位具有远见卓识的企业家，他一手创建了联邦快递公司。史密斯被称为商业布道者。他对“隔夜送达”理念的执着感动了无数员工，因此在公司最困难的时候，他的员工可以拼命为他工作且不要报酬。史密斯在向员工传达强大力量和情感的同时，也给他们一个相信的理由和追随的方向。凭借对事业的激情，他先是与员工创建了忠诚的员工关系，而后与无数客户创建了忠诚的客户关系。一旦人们想跟你做生意，你无需费力就可以完成这单生意：激情是王道！

5. 创设难忘的客户体验：通过你对他人的影响让自己与众不同。

“体验”所传达的是一种意想不到的感觉——当某件事情或某个东西能让你情不自禁地喊出来“哇噢”的时候，说明你已经产生了一种体验。按常理出牌是无法给他人带来体验的，只有出乎人们意料的积极事物才能让人们产生不一样的感觉，这才是体验的真正来源。而且，这种体验能吸引人们再次回来购买你的产品或服务。

创设“体验”的典型代表是戴夫·托马斯（Dave Thomas）。他是温迪老式汉堡餐厅（Wendy’s Old Fashioned Hamburger）的创始人，他亲自为这家快餐店做广告代言长达 13 年。戴夫·托马斯的这种长期的广告宣传使他成为整个美国知名度最高的代言人。他务实的作风和健康的形象深受人们的喜爱。他与消费者建立了良好的关系，因为他与普通人看起来没什么太大区别。他说道：“从一开始，我就不觉得自己有什么特别的地方。不论我的人生取得了多大成就，每次我照镜子的时候，我发现自己仍然是原来那个汉堡包厨师。”

我需要提高哪些技能

不用担心，上述五大技能全部可以通过学习来掌握和提高，但问题是，我们应该先从哪一项入手呢？

最近，我的儿子沙恩决定更努力地练习冰球。这起因于他未能通过一个由全美最优秀的青少年组成的冰球队的选拔赛，从而失去了进入这支精英球队的机会。但是沙恩并没有放弃，也不认为自己比其他入选的人差。他说他想打得更好，于是决定比以往任何时候都更努力地练习。我对他小小年纪（别忘了，他还只是个 12 岁的小孩子）就有这么大的决心感到非常高兴。但紧接着他问了一个非常明智的问题："我应该从哪项技能开始练习呢？"

真是个了不起的问题！我儿子马上就意识到，这不仅仅是一个拼命练习和努力提高的问题，他还必须准确地知道要做什么，以及从哪里开始。我和他一起做了一张表，上面列出了他需要继续努力的6个方面。每次比赛后，我和他的教练就会对上述6个方面进行打分，从1～5分不等。通过这种方式，沙恩明白了自己需要特别注意和改进的技能。

但说实话，当沙恩发现自己没有入选那支精英球队后，他的第一反应就是挂起靴子，从此再也不练习冰球了。他告诉我，很明显，他没有其他入选的孩子出色，既然现在没有入选那支球队，他的冰球生涯也就到此为止了。"我上大学后也不会练习冰球了，国家冰球联盟再也与我无关了！"他有点沮丧地说道。

当然，这种反应对一个12岁的小孩子来说再正常不过了。或者，这是不正常的？因为他的人生和事业还未真正开始呢。举行选拔赛的目的是物色和挑选全美国未来最棒的冰球选手，最终只有17个孩子入选。沙恩只是在选拔当天没有成为成绩最靠前的10%的选手而已。事实上，我想这完全取决于他如何看待这件事情。

这跟你想提高任何其他技能（包括进行连接和建立关系的技能）是一个道理。如果你相信成为一个更好的连接者能真正帮你获得商业、销售和其他方面的成功（这是不言而喻的），那么你应该采取什么行动呢？

我和沙恩一起制作的那张表格是一个非常有用的工具，可以用来评估你到底实现了多大的进步和改善。你要知道，我们在红色地带营销公司已经用这张表格对顶级商业人士和企业家进行了多年的评估！我一直认为，如果这张表格对世界上最成功的专业销售人士及我年仅12岁的儿子都能发挥作用，那么它对其他人也同样有帮助。不过，这张表的最大优势在于它简单、直观并且具有较高的可衡量性。现在，赶快动手创建你自己的评估表吧（见表4—1）。

表 4—1　　　　　　　　　　连接者技能评估表

规则：从 1 ～ 5 分对每周的评估进行打分（5 分＝最好）	拥有共情力	积极倾听	提出好问题	让生意自动完成	创设难忘的体验	总分（≤25 分）	本周评定
第 1 周	3	2	4	2	4	15	60
第 2 周	4	5	5	3	4	21	84
第 3 周						0	0
第 4 周						0	0
第 5 周						0	0
第 6 周						0	0
第 7 周						0	0
第 8 周						0	0
第 9 周						0	0
第 10 周						0	0
第 11 周						0	0

连接者技能评估

在我们公司众多的客户当中，一家公司的 CEO 给我留下了深刻的印象。该公司接受我们的服务已经有十多年了，这位 CEO 每次跟我见面都会对我说一句同样的话——有时这可不仅仅是“我想怎么样”这么简单。这位 CEO 在个人事业和公司业绩层面都取得了巨大成就，但是每次我们为该公司推行了一项新的市场营销战略，或是举办了一场推广活动，或是在电视上投放新广告后，他总是会不厌其烦地跑来问我：“玛丽贝丝，我们怎么样才能做得更好？”

我曾经自问道：“我们怎么样才能做得更好？你在开玩笑吧？”事实上，我们为这家公司采取的市场营销战略已经取得了令人难以置信的巨大成功，并且自从他们公司成为行业领头羊后，我们就开始与他们进行了长期合作，而他仍然每次都这么问我！他给我的解释是，他知道公司的各个方面都可以做得更好一点，而他不想错过任何改善的机会。

这位 CEO 有一次半开玩笑地跟我说：“如果这家公司已经没有进一步提高

的余地，如果我们的营销战略已经完美无瑕，如果我自己也已经做得足够好，那么这家公司就关门歇业吧，我也可以退休回家颐养天年了，因为已经没有什么能让这家公司变得更好了。”

我从这位 CEO 身上学到了很多。他与红色地带营销公司一起发展，也一直不断地想要变得更好一点，但其他绝大多数人并没有这个意识。不得不承认，我本人也不是那种每时每刻都想着改善和提高的人——但是当然，我知道自己总是能做得更好。

在本书的下一章，我会详细阐述成功人士所具备的五大特质。让自己变得更好一点吧，从现在开始为建立关系而努力！

THE CONNECTORS

第二部分

连接者的五大特质

HOW THE WORLD'S MOST SUCCESSFUL BUSINESSPEOPLE BUILD RELATIONSHIPS AND WIN CLIENTS FOR LIFE

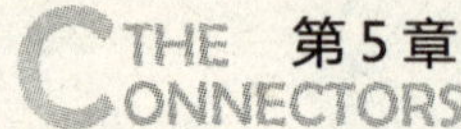

特质1：拥有共情力

为他人着想会给你带来更多

世界上最有吸引力的人是那些对别人感兴趣的人——他们将快乐、善意和感激毫不吝啬地展现给他人，从不一味地以自我为中心。

—— 帕特·布恩（Pat Boone）

美国歌唱家、演员

正如我在第 4 章谈到的，我们的本性总是驱使我们首先为自己考虑。可能这就是为什么“这对我有什么好处”这句话如此流行的原因吧。我们总是有意无意地问这些问题：

- 我看起来怎么样？
- 这对我有什么影响？
- 这将给我什么感觉？
- 我现在感觉如何？
- 这对我重要吗？

■ 我应该关心吗？

极度以自我为中心的心理状态被称为自恋。根据韦氏词典的定义，自恋是指“过分地考虑自己而忽视对他人的关注”。有这种症状的人对自我重要性有一种不切实际的认识，并且狂热地迷恋成功、权力和成就。自恋者的主要性格特质就是，他们对自己在很多场合中的重要程度有一种夸大性的认识，对自我价值的认识事实上超过了他们实际取得的成就。

尽管我们大多数人都不是自恋者，但问题在于，我们在多大程度上关注了他人？商业场上不乏对他人缺乏关怀的事情，但是换个角度想想，关注他人的需求能给你带来巨大的收益，因为几乎每个人都在考虑“这对我有什么好处”而不是“这对他们有什么好处”。因此，如果你采取拥有共情力的策略，你就会在一大群人、一个小圈子甚至是亲朋好友和邻居中脱颖而出。当你时时刻刻想着关心他人的时候，你其实是在为满足他人的一切需求而努力！

你的追求与他人相关，他人才会追随你左右

环法自行车赛发端于一个多世纪之前，是世界上最著名的自行车赛。除了第一次世界大战和第二次世界大战期间被迫停止以外，它每年都会在人们的期待中拉开精彩序幕。在它的百年历史上，欧洲人处于绝对的统治地位。事实上，在环法自行车赛诞生 80 年后，才首次有非欧洲选手夺得冠军。

这位打破欧洲人垄断环法自行车赛冠军局面的人是一位美国人，他本来可以继续参加比赛并一直赢下去，但他不得不与严重的有潜在致命威胁的身体病痛进行抗争。《体育画报》曾将他评选为“年度人物”，这是该杂志首次将此荣誉授予一位自行车选手。

说到这儿，你可能会以为我们刚刚谈论的这位选手是兰斯·阿姆斯特朗

(Lance Armstrong)，但是你错了！这位打破欧洲选手独霸环法自行车赛的人其实是格雷格·莱蒙德（Greg LeMond）。在取得环法自行车赛 1984 年季军和 1985 年的亚军后，莱蒙德终于在 1986 年夺得了梦寐以求的环法冠军，打破了欧洲人独霸环法自行车赛的历史。然而，在第二年离他准备卫冕之战只有两个月的时候，莱蒙德在一次外出打猎中被人误伤，伤势十分严重。紧接着，他又分别因阑尾炎和肌腱炎进行了手术，这些意外和伤病使他连续两年不能参加比赛。

1989 年，在体内还遗留着超过三打猎枪子弹的情况下，莱蒙德再次征战环法自行车比赛，这一次他对获胜不抱任何期望（事实上，没有任何人对此抱有哪怕一丁点儿的期望）。然而，奇迹总是出人意料，在经过长达三周的比赛、完成 2 000 多公里的路程后，他以 8 秒的微弱优势再次夺冠！紧接着在 1990 年，他第三次赢得环法自行车赛冠军，但随之而来的身体并发症迫使他不得不在 1992 年就早早地结束了运动生涯。然而，尽管莱蒙德在环法自行车赛上的胜利给他带来了极大声誉，但这种声誉却随着他的退役而消失在历史的烟云中，犹如昙花一现般短暂。时至今日，即使是自行车赛的粉丝们都很难记起他的名字，更不用说普通民众了。

尽管莱蒙德与兰斯·阿姆斯特朗的人生经历有许多相似之处，但莱蒙德在阿姆斯特朗的声誉和影响力面前却黯然失色。阿姆斯特朗在战胜致命的睾丸癌（其癌细胞最终转移、扩散至他的大脑和肺部）后连续 7 次夺得了环法自行车赛的总冠军，这在环法赛中是史无前例的！凭借其骄人的战绩，阿姆斯特朗像莱蒙德一样，当之无愧地被《体育画报》评选为“年度人物”。

很明显，阿姆斯特朗的运动成就远远超过其同胞莱蒙德，但是，仅仅是这个原因使得我们整个国家以极大的热情（这种热情通常只专属于美国职业棒球世界系列赛和橄榄球超级碗大赛）来关注 2005 年的环法自行车赛吗？虽然阿姆斯特朗本人并没有刻意这么做，但是某种程度上，他本人的魅力千真万确地成功吸引了数百万民众跟随他一起征战环法自行车赛。

怎样才能让你个人的事成为他人的事

毫无疑问，阿姆斯特朗参加环法自行车赛主要是因为自己对成功的渴求，但是他拥有一项特殊而非凡的能力，一种我们可以每天都运用在商业中的能力——即使你的目标和行动都是为了自己，你也可以设法使之与他人有关，并且你可以通过与他人建立个人层面上的关系来做到这一点，这才是成功的真正秘诀。绝大多数商业活动都具有与盈利和收入相关的目标，但是如果我们能将我们个人的目标（最好包括我们个人的成功）传递给他人，我们将真正实现更高层次的领导，进而获得梦寐以求的商业成功。而如果我们能亲自影响他人，实现上述成功的可能性就更大。

你还记得自己最近一次跟别人分享你的个人事情，进而让对方觉得他们与你在个人层面上有联系是在什么时候吗？当面对商业人士进行演讲时，我有时会通过谈论我的家庭来说明如何进行决策。我跟他们分享我一直以来是如何努力在我的孩子们和我的事业之间实现平衡的。有时，我会把平衡拿捏得很好，但有时平衡却会被我不小心打破。当我讲这些故事的时候，已经身为父母的那部分听众会立刻产生共鸣，并与我迅速建立起一种私人层面上的联系。是的，没错，他们的反应，即对发生在我身上的故事产生强烈的共鸣，让我非常确信这一点。我会不时看到他们眼里闪现着的泪光，而有时他们也会因为自己也面临过相同的处境而对我的故事报以开怀一笑。他们经常在等到我演讲完后找我进行一对一的单独谈话，分享他们自己平衡家庭和事业的故事。在这期间，他们会询问我们公司提供的其他服务，并顺手购买我的著作。我知道当我与他们交流一些他们也有亲身体会的事情时，他们会有种与众不同的亲切感觉。

对弱者的同情和支持

尽管美国人喜欢不断取得胜利的大英雄和强者，但我相信，他们更愿意看到失败的人转败为胜，或处于劣势的人通过努力最终取得成功。我们可能不太乐意为十全十美的人和完美无缺的事业喝彩，因为缺陷、瑕疵是不可避免、真实存在的。我们或许更认同身上带点小瑕疵的人。我们支持与我们面临相同挑战的人，就像我们支持兰斯·阿姆斯特朗和他对癌症的抗争一样。我们认识的人中总有一些人不幸患上癌症，我们都相信人类迟早会找出治疗癌症的方法、都希望人类能最终摆脱癌症的阴影。阿姆斯特朗感动了无数人，因为我们对他所遭受的痛苦有切身体会；我们热爱他，因为他对病痛的不屈抗争和对事业的执着追求深深地感染了我们。我们愿意在行动上体现出我们内心对他产生的深深敬佩和喜爱，我们甚至想和他一样骑自行车——全美境内的自行车销售量因此而急剧上升。我们对战胜癌症又有了新的动力，我们也将买来的黄色橡胶手环戴在手腕上来表达我们对抗癌事业的支持。我们为之欢欣鼓舞，因为它与人类战胜癌症并最终战胜命运有关。以这种方式，阿姆斯特朗的抗争和成功就与我们有了千丝万缕的联系了。

我本人是一个铁杆体育迷，但是在阿姆斯特朗出现前，我压根儿对自行车比赛一点概念和兴趣都没有，但是他的比赛和故事以一种一般运动员无法企及的超强魅力感动了我和无数的美国民众，使我爱上了环法自行车赛，我相信其他美国民众也对此深有体会。

关系不是为单打独斗的人准备的

在长达三个星期的环法自行车赛中，当所有媒体都将镜头对准了排位第 1 及最终夺得冠军的那位选手时，我们很容易忽视这其实是一项团体比赛。如果没有其他队员的支持和合作，任何一个人，包括兰斯·阿姆斯特朗、格雷格·莱蒙德和其他 4 位曾经获得 5 次环法冠军的欧洲人都不会取得最终的胜利。

在阿姆斯特朗 2000 年出版的自传《重返艳阳下》（*It's Not About the Bike*）

中，阿姆斯特朗讲述了车队队员在比赛中所发挥的重要作用。有的队员在前头，为车队最有夺冠希望的人从冲出一条路来；其他人可能在他附近形成保护翼。如果遇到大风天气，他们会直接骑到他的前头替他挡风。阿姆斯特朗写道："每个车队都需要冲刺选手、爬坡选手、愿意承担苦差事的选手。没有这些人的合作，仅凭个人是无法获得公路赛胜利的。"

《落基山新闻报》(*Rocky Mountain News*) 在评论阿姆斯特朗的自传时写道："阿姆斯特朗的书既激励人心，又不失风趣……并且他也没有忘记感谢那些在他成功道路上给予他帮助的人们。"

阿姆斯特朗的故事远非他抗癌成功和作为一个长途自行车选手所获得的成就。1997 年，在他获得环法冠军和成为举世闻名的运动员前两年，他成立了兰斯·阿姆斯特朗基金会。基金会的目标就是帮助那些与癌症进行抗争的人们。2004 年，基金会推出了一个印有"坚强活下去"(LIVESTRONG™) 字样的黄色橡胶手环，每个手环售价 1 美元。截至 2006 年 1 月，超过 5 700 万个黄色手环被人们买走，共筹得善款 5 700 多万美元。

根据该基金会的网站（www.livestrong.org）介绍，数百万美元善款已被用于癌症教育和研究，以及遍布全美的癌症幸存者中心的建设。此外，500 名癌症幸存者和看护者每月会收到基金会的直接援助，而平均每月有 200 000 名网站访问者来基金会网站查找与癌症相关的治疗方法和信息。

阿姆斯特朗真正做到了将他人（包括他的车队成员）团结在自己周围，这难道不是伟大的领导人为了获得更高层次的成功而必须做到的事情吗？比尔·盖茨不是单打独斗，杰克·韦尔奇不是单打独斗，即使是"地产之王"唐纳德·特朗普也不是单打独斗。他们需要与他人进行连接并建立关系，而事实上，他们在这方面都做得非常出色，是同行中的佼佼者。

什么才是真正重要的

无名氏	也许人们会忘记你曾说过什么，做过什么，但人们永远也忘不了你曾带给他们什么样的感受。

我们可能没有机会像兰斯·阿姆斯特朗那样影响很多人，但我们的确有机会每天都影响其他人——我们的客户、公司同事以及其他我们日常生活中接触到的人。问题的关键就在于"他人"两个字。请你扪心自问一下：我是否很重视向其他人传达一些善意信息？比如"你们对我很重要"或"我很关心你们"等？

我们经常听到这句话："在人们知道你对他们有多关心之前，他们才不关心你知道些什么。"这句话之所以广为流传，是因为它道出了人与人相处的真谛。不论是在亲情、友情还是在工作方面，我们建立并培养的各种关系是否成功，取决于我们如何回答"我对你很重要吗"这个问题，以及我们是如何身体力行让别人感受到这一点的。

有位女性正是通过告诉别人他们有多重要，从而摆脱赤贫，赢得一流的商业信誉和巨大财富的。她的人生哲学和成功的秘诀就是："我总是想象每个人的胸前都挂着一个牌子，上面写着'让我感到自己很重要'。这样一来，你不但会在销售上取得成功，你的人生也会一帆风顺。"

2001 年，当她去世时，她一手创建的公司在世界上 30 多个国家拥有 30 多万名销售代表，每年的销售额超过 10 亿美元。玫琳凯·艾施（Mary Kay Ash）白手起家，凭借她对别人的关爱而最终成为一位家喻户晓的传奇女性。她不止一次说过："我的人生目标就是，希望在我去世之后，有人会说我是一个关心别人的人。"1980 年，她丈夫因癌症去世后，她成立了玫琳凯基金会，用以资助抗癌研发项目。即使在她逝世后，她关心别人的愿望也通过该基金会得以不断地向世人传达。

玫琳凯并没有告诉我们任何关于成功的独门绝技，她只是在运用千百年来已经存在的原则——尽管非常简单却经常被人们忽视或遗忘的原则。我们不必非得像阿姆斯特朗和玫琳凯那样，成立一个慈善基金会来宣告我们对他们人的关爱。别忘了，畅销书《当好人遇上坏事》（*When Bad Things Happen to Good People*）的作者哈罗德·库什纳（Harold Kushner）曾经提醒我们："与他人进行连接和建立关系的天性使得我们人类与其他动物区别开来。"

这才是改变我们自己以及周围人生活的神奇处方。

我对你重要吗

海伦·凯勒 美国作家	我发现生活是令人激动的事情，尤其是为别人活着时。

作为美国国家演说家协会的活跃会员，我每年夏天都会参加该会举办的年度会员大会。每次年会都会专门为青少年举办一个特别的活动。2005 年夏天，我带着当时 10 岁大的女儿伊丽莎白前往亚特兰大参加当年的年会。在青少年活动开幕式上，我们这些做父母的也被邀请出席。开幕式的演讲嘉宾安迪·希克曼（Andy Hickman）指着他夹克上的一枚徽章，问在座的观众是否有人知道徽章上的大写字母"DIMTY"代表什么。

坐在会议室后头的一个女孩大声喊道，她知道这几个字母的含义，那就是："我对你重要吗？"（Do I matter to you？）

希克曼随后指出，事实上，我们每个人每时每刻都带着这么一枚徽章。在一个几乎人人都带着"WIIFM"（这对我有什么好处，即 What's in it for me）？徽章的世界上，我们非常有必要向那些对我们十分重要的人们，包括我们的亲人以及在社会生活、商业活动中所结交的人们重申他们确实对我们非常重要。

不论我们处于人生的哪个状态，也不论我们拥有多少财富，我们都是一个对外部世界有需求的人。用作家弗兰克·克拉克（Frank A. Clark）的话说："婴儿伴随着对爱的需求而降生，即使年龄增长，这种需求也依然存在。"和我们对被爱的需求一样，其他内源性的基本需求还包括对呼吸、食物、衣服、房屋及睡眠的需求。

即使当我们长大成人，能靠自己的力量满足自己上述大部分基本需求时，我们仍然是一个有需求的人，因为其他需求会接踵而来，其中包括对安全和保障的需求，对归属感和被接受的需求，对被认可和获得尊重的需求，以及对目标和成就的需求等。

当我们开始从关注自身的需求转向识别他人的需求，并发现他们的需求比我们自身的需求还要重要时，伟大的种子就开始萌芽。我们开始倾听他人的心声，并且听到他们急切地呐喊："我对你重要吗？"通过我们的工作来满足其他人的需求，将他们的需求置于我们自己的需求之上，我们就用实际行动明确地回答了本节标题中的问题："当然！"

为他人着想的同时讨人喜欢

圣雄甘地	寻找自己的最好方法是忘我地为他人服务。

有关欢迎的表示

事实上，一般人都喜欢那些对我们表露好感的人。有些行为举止可以使对方更放松，并且让他们知道你对他们的方方面面都很感兴趣。这些欢迎可以通过友善和欢迎的言语来传达，也可以通过释放乐观积极的能量、你的面部表情（微笑、直视对方）及其他举止（比如姿势、握手、拥抱和近距离接触）等非言语方式来传达。

与他人的相关性

相关性与你对他人的兴趣和需求所表现出来的感兴趣程度有关。当你显示出对他人的需求真正感兴趣时，你就创设了一条连接彼此的纽带。他们知道你是发自内心地对他们感兴趣。多问些诸如“你在工作中遇到的最大挑战是什么”及“你是怎样为马拉松比赛做准备的”这样的问题，这些问题会向对方传达一个讯息，即对他们非常看重的事情，你也抱有极大的兴趣。凭借这个讯息，你们之间便会迅速产生一条互相吸引的心灵纽带。

或许更有效的方式，是让对方知道你们之间存在共同的兴趣和爱好，比如积极投身于慈善事业或其他你们共同关注的事情。你和对方之间存在何种相关性，在对方对你形成何种看法和印象上发挥着很大的作用。它告诉对方原来你跟他们在很多方面具有相似性，而每个人都希望别人能和自己有相同的爱好和追求，正所谓“物以类聚，人以群分”。

共情力

设身处地为他人着想、认可别人、了解他们的感受、对他们的处境表示谅解……这些能力离不开“共情力”。共情力能让你在更深层次上了解他人，而对方也感觉得到这一点。此外，当你对他人产生某种印象，且这种印象的形成不带任何偏见时，对方会感到获得了你的认可，正如你实际上已经认可他们一样。成为一个容易对他人的经历或事业产生共鸣的人，很好地说明了你与他人进行连接的能力。

真诚

真诚、坦率和实在的人通常内心比较平和、安宁，因为他们从不试图隐瞒什么。反过来，他们平和、安宁的心态又会帮助其他人获得平静。真诚的人让别人觉得他说的就是他实实在在获得或拥有的东西。这种人很有人缘，因为人们跟他们在一起很有安全感，你可以相信他们所说的一切事情（我想你肯定也不喜欢跟一个虚伪或满口谎言的人交朋友吧）。

在销售方面，少一些夸夸其谈，多一些本真交流，这会给你带来无法想象的成功。难道你不想从一个总是跟你说实话的人手里买东西吗？不要虚伪，不要粉饰事实——要的只是你真诚的心。

人品

《读者文摘》是全世界发行量最大的杂志，80 多年来一直坚持刊登一些感人至深和启迪心灵的文章。这些文章的主人公大多是那些将别人的需求看得比自己的需求还重要的人，并且他们个人往往做出了巨大的牺牲。2006 年，史蒂芬·柯维与大卫·哈奇（David K. Hatch）从《读者文摘》中精选了 63 篇故事汇编成册，书名为《人品》（*Everyday Greatness*），由拉特利奇·希尔出版社（Rutledge Hill Press）在当年出版。

不得不说，这个书名起得非常贴切。除了这些触及心灵的感人故事外，《人品》还配有史蒂芬·柯维[①]的大量感悟、思考和评论。史蒂芬·柯维是好几本畅销书的作者，他的著作包括流传极广的《高效能人士的七个习惯》（*The 7 Habits of Highly Effective People*），该书在全球的销量已经超过 1 500 万册。

柯维为《人品》写了一篇很长的引言，其中他讲道："那种与性格和贡献有关的伟大，跟与财富、名誉、特权和地位有关的伟大是不一样的。人品，不是一次性就可以完成的事情……它讲述的是人们的一种心理状态而非才能；是一些简单、琐碎的小事而非惊天地、泣鬼神的丰功伟绩。它平实而不张扬。"

关于谦虚的主题，19 世纪伟大作家、诗人和艺术家约翰·拉斯金（John

① 想了解作者更多观点，请参考《高效能人士的影响力法则》中文简体版。该书已由湛庐文化策划，浙江人民出版社出版。——编者注

Ruskin）写道："一个真正伟大的人，对他的第一个考验就是看他是否谦逊。真正的伟人令人非常好奇，那就是伟大并非存在于他们身上，而是通过他们进行传递罢了。"

我们身边到处是带着"我对你很重要吗"徽章的人。如果你打算告诉他们，他们对你真的很重要，而且你愿意并且已经做好准备帮助他们满足需求，这意味着你甘心降低自己的重要性，并将他人放在一个比你本人更高的位置上。记住，这才是通往伟大的真正路径：伟大不是停留在你的身上，而是通过你来进行传递。

商业联盟，多为他人想想

米尔恩
A.A.Milne
英国著名作家

多给别人一些体谅，多为别人考虑一点，那将让一切截然不同。

如果人际关系网和各种正式、非正式的战略性商业联盟能发挥作用，那是因为它们对双方都有好处。而如果这种方式不奏效，通常是因为这种安排不是双赢的，这是商业中再简单不过的道理。

我已经从商业人士口中听到了很多这种持续时间很短的商业关系。他们进行了大规模的推荐活动，但收效甚微。导致他们失败的原因可能多种多样，但是我们不妨从下面这个角度考虑一下：如果你经常推荐业务给其他人，你因此得到的更多还是失去的更多？我认为，你付出的越多，你因此得到的也越多。没错，有时给对方更有利的条件可能事与愿违，或对自己很不公平，但大多数情况下，它最终会对我们非常有利。别忘了，这就是很多商业人士获得成功的方式。

THE 连接者测试 CONNECTORS

“为他人着想”能力测评

在你与他人进行交往中，你会想知道……

1. 这将会如何影响对方？
总是　经常　有时　从不

2. 他们会怎么看待这件事？
总是　经常　有时　从不

3. 他会真的关心这件事吗？
总是　经常　有时　从不

4. 对他而言，这件事情或东西有趣吗？
总是　经常　有时　从不

5. 这真的很重要吗？
总是　经常　有时　从不

6. 我是否表达得足够清楚，使他们真正理解了我要说的内容？
总是　经常　有时　从不

7. 跟我接触后，对方会感觉更好些吗？
总是　经常　有时　从不

8. 今天我是否主动与不认识的人进行连接，并告诉了他们一些他们需要的信息？
总是　经常　有时　从不

THE CONNECTORS 第6章

特质2：倾听！充满好奇地倾听

社交商的重要作用

我认识的大多数成功人士都是那些多听少说的人。

—— 伯纳德·巴鲁克

美国金融家、政治家

每年夏天，我们都会在街区附近举行一个传统的街坊聚会，这时我们会封闭附近的道路，充分享受美食、娱乐活动及与小孩子做游戏的欢乐时光。几年前的一次聚会上，我跟大家一起站在餐桌旁边吃东西，旁边是一个叫埃米的女邻居。我跟她也不怎么熟悉，并且已经有好几个月没有见过她了，但是我一眼就看出她瘦了很多。我告诉她，我发现她瘦了并且她现在看起来棒极了。埃米说她事实上足足减掉了18公斤。哇！这引起了我极大的兴趣！于是我开始问她很多关于她如何减肥、吃什么东西、饭量是多少、做什么运动等诸如此类的问题。我想知道一切，因为我对她是如何做到一下子减掉18公斤非常感兴趣。于是在接下来的大约10分钟里，埃米详细地告诉了我她是如何减肥的，包括她饮食习惯的改变以及所做的运动，她甚至告诉我她丈夫对她减肥的反应。

那天下午晚些时候，聚会上的另一个邻居告诉我，她刚刚跟埃米聊天的时候，埃米说她很喜欢我。这太让人不可思议了，我没有告诉艾米任何关于我的任何事情，她也不算真正地认识我，或了解任何关于我、我的事业、我的孩子、我的住所、我的丈夫的事情——她对我一无所知。我只是对她的减肥很好奇，问了很多与此有关的问题并听她讲了她减肥的有趣故事——一个对她很重要的话题。想到这儿，我相信埃米想表达的是，她之所以喜欢我，是因为我一直在兴致勃勃地听她说话，而不是自顾自地夸夸其谈。事实上，如果我一直在讲关于我自己的事，我想她肯定不会如此喜欢我！

充满好奇地倾听

查理·琼斯 Charlie "Tremendous" Jones 作家	一个好听众是一个安静的奉承者。

我们给他人留下深刻的印象不是靠我们的故事和成就，这或许跟我们的直觉不太一样，也可能不太符合逻辑，但是人性的本质就是，如果你发自内心对一个人感兴趣并且认真地听他讲话，他会认为你对他非常在意和关心。这种做法非常特别，并且可以很快将你跟其他听众区别开来。伟大的商人华特·迪士尼（Walt Disney）把他所取得的大部分成就归功于好奇心，他说："我们保持前进，开拓新的领域并做新的事情，因为我们有好奇心。"

很多成功的商人，不管他们提供什么产品或服务，都具有强烈的好奇心。一旦他们发现自己想法的价值所以及客户真正所需要的东西，他们就不必费力地推销什么——生意会主动送上门来！因此，让我们先深刻地了解倾听，然后再问一些重要的问题吧。

良好的倾听技巧会带来商业上的成功

几年前，电视上有一个以“倾听”为话题的公众信息服务节目，讨论了倾听技巧的重要性以及“听”和“倾听”的区别。该节目解释说，听是一项身体行动能力，而倾听则是一门技巧。倾听的技巧让一个人懂得并理解其他人说话的含义。换句话说，倾听的技巧让你明白别人说的是什么。

1991 年，美国劳工部就业技能委员会 (SCANS) 列出了美国对就业人员素质的要求，即五项能力和三方面的基础，其中倾听的技能就是三方面的基础之一。良好的倾听技巧使劳动者更有效率。仔细倾听能让我们：

- 更好地理解分配给我们的任务及老板对我们的期望；
- 与同事、老板和客户建立融洽的关系；
- 表示支持；
- 在一个以团队为基础的环境下更好地工作；
- 与客户、同事和老板一起解决问题；
- 回答问题；
- 听出别人的言外之意或弦外之音。

换句话说，倾听是连接者与他人建立关系的第一步。

倾听能使你免于被起诉吗

倾听有多重要？马尔科姆·格拉德威尔在最畅销的著作《眨眼之间》(*Blink*)中讲了一个有趣的故事。一名医学研究者对医生被病人起诉的可能性做了一个调查。根据格拉德威尔的说法：“差不多有一半的医生从未被起诉过，而另一半的医生却至少被起诉了两次。”这个研究揭示了这两组医生间的细微差别，

“从未被起诉过的医生与病人待在一起的时间比那些曾被起诉过的医生多了3分钟”。

在与病人多待的3分钟时间里，这些未被起诉过医生都在做什么呢？原来，他们花时间来让病人提问并鼓励他们多交谈，他们关心病人并且倾听病人的心声。这3分钟让病人感受到了来自医生的关怀和温暖。

的确会有一些病人因治疗没有起作用而将医生告上法庭。但是，被起诉的医生多是那些没有很好地倾听病人谈话的医生，而不是那些懂得如何倾听的医生。在那些有记录可循的案例中，被病人起诉的医生往往是那些内科医生和放射科医生。为什么会这样？因为病人事实上喜欢他们的外科医生，而我们不会起诉我们喜欢的人。

好奇地倾听可以产生神奇的作用

爱德华·科克
Edward Koch
前纽约市市长

要显得与众不同……在对方想说话的时候，如果你能表现出乐意倾听他们谈话的态度和行为，你将被对方视为一个圣人。

成为一个好的倾听者会带来巨大的好处。听听美国当代教育学家和作家约翰·迪格塔尼（John J. DiGaetani）的话吧：“善于倾听能产生意想不到的效果，包括令客户满足，使他们下次还想光顾你的生意；员工会感觉受到重视，因此他们不会总是想着跳槽；经理会赢得员工们的信赖，而业务员总是会超额完成业务指标。”

这无疑是非常准确的说法，但却一点也不新奇。因为倾听的重要性已经在历史的长河中被无数次证明了。希腊历史学家和作家普鲁塔克（Plutarch）早在公元1世纪就提出了“学会如何倾听”。差不多1 500年后，莎士比亚也提出了类似的建议："把你的耳朵给每一个人，但是只把声音留给有限的几个人。"

19 世纪初，参加过独立战争、后当选为美国众议院议员及国务卿的约翰·马歇尔被任命为美国最高法院首席大法官。他在这个位子上待了将近 35 年，比其他任何人在位的时间都长，并且以其始终如一的正直，以及在处理法律和宪法事务上的才智和雄辩而著称。马歇尔对倾听的重要性有着很深刻的理解，他认为："在沟通和影响方面，善于倾听跟善于说话一样有力。"

倾听，一门被遗弃的艺术

安妮·莫罗·林德伯格
Anne Morrow Lindbergh
美国作家

然后，我想找个地方坐下，听听别人说话，告诉我一些事情……而我自己一言不发——除了听还是听，并从中得到教诲。

尽管倾听的重要性在历史上得到广泛认可，但是倾听更像是一门被遗弃的艺术，尤其是在当今这个忙碌、喧嚣和一切都速度至上的世界上。我们或许在听别人正在跟我们说的话，但是我们真的在倾听吗？海明威写道，"大部分的人从来不去倾听，"而作家托马斯·默顿（Thomas Merton）甚至宣称倾听早已过时。

事实上，有人曾进行过一项研究，要求参与者列出他们认为最糟糕的听众所表现出来的行为特点。这些特点包括：

- 总是打断说话者；
- 妄下结论；
- 替对方结束对方尚未说完的话；
- 转换话题；

- 不耐烦；
- 发脾气；
- 坐立不安；
- 没有进行眼神交流；
- 大发议论来显示自己对这个话题多么在行。

美国小说家、杂志编辑埃德加·沃森·豪（Edgar Watson Howe）对此有非常出色的总结："如果不知道接下来轮到他，没有人会听你谈的是什么。"

什么是真正的倾听

乔治·马歇尔将军	听听别人的故事；听别人完整的故事；先听听别人完整的故事。

充满好奇地去听是一个积极主动的过程，由以下 3 个基本步骤组成：

1. **听出关键内容**。听只是意味着听取足够多的信息来抓住说话者正在谈论的事情。举一个非常简单的例子，一个理财顾问可能会倾听他的客户谈论她的两个成年孩子和她想如何给他们钱。如果你能复述出刚才听到的这些事情，就意味着你已经听到了刚才的谈话内容。
2. **理解它们**。接收这些信息，并以你自己的方式来理解它们。还是以刚才的财务咨询师和他的客户为例，你要考虑客户想表达什么意思。你可能会想："或许她想马上把钱送给她的孩子们？"
3. **确认信息**。即使你确信自己完全理解说话者的话，也不要想当然地以为你知道他的真实意思。这个客户可能想通过立遗嘱的方式在她死后把钱留给孩子们，或是建立一个信托，或是想马上就把钱给孩子们。这时候，你需要通过向说话者提一些问题来确认你的每一个猜测，然后再考虑这是否可行。你相信自己刚刚听到的事情吗？问更多的问题，直到你确信自己已经准确无误地听清楚了客户的谈话内容，并且完全明白了她的真实意思为止。

好奇的听众

斯泰西·卢卡斯
Stacey Lucas

倾听是一种积极的追求，需要你掌握技巧并勤加练习。

好奇地倾听是一门有关倾听和提问的结构化的艺术，它通过更好地理解说话者想传达的信息和情感来帮助你增强彼此之间的联系，而这也是一个优秀的听众秘而不宣的法宝。你周围是否有一些人始终安静地听你说话，想知道你的全部日常生活或最近一次旅游的经历？不可否认，有些人的确会对你十分感兴趣，不过我想你不会经常发现这种人。而当你一旦发现了他们，他们就显得特别与众不同。请记住，倾听能显示你对他人的关心。

我想举一个我曾经与之打过交道的企业家的例子。他经营着一家价值数百万美元的数据架构公司。这位企业家非常善于倾听，以至于我第一次跟他谈话时感到很不自在。他几乎一眼不眨地盯着你，他的肢体语言显示出他对你所说的一切事情都非常感兴趣。这样的人当然不常见。他自从 20 多岁创办了自己的公司起，就一直致力于调查性工作，以此为他的客户找到技术解决方案。他通过有意识地倾听客户的谈话内容来实现这一目标。他说，只要你仔细地倾听，你会发现客户其实已经有了解决方案。

这种全神贯注地倾听使他在个人生活和事业上收获颇丰。这种持续不断地关注对方的独特能力，使他与对方建立起一种与众不同的连接，这种连接更令人难忘且讨人喜欢，并帮他赢得了比他大部分美国同行几乎高一倍的销售业绩。

如果一个人想倾听你说的一切，那么这个人肯定是一个好人，并且就是那个我们想与之做生意的人。

倾听不同寻常的事情

安德鲁·梅森
Andrew V.Mason

当你倾听他人讲述自己的悲惨遭遇后，不以自己更为不幸的苦难作为回应，你就是圣徒。

“找出与他人交谈中的不同寻常之处，”桑妮·贝茨（Sunny Bates），这位与世界上一些最杰出的人士保持着密切关系的女士这样说道，“在每一次谈话中，一个人肯定会说些不同寻常的事情。”

贝茨是很多机构和基金会的董事会成员，也是 TED 大会[①]咨询委员会的成员。TED 大会每年都会邀请世界上最优秀的思想家和实干家共聚一堂，分享各自的想法和经验。贝茨认为，一个人是否杰出、是否有名（哪怕你只是一个路人甲）都无关紧要，重要的是倾听和记住不同寻常的事情，“我总是注意倾听那些不同寻常之处，并且在以后的交谈中重复一下，这意味着你是在真正地倾听并且记忆”。

琢磨一下人们告诉你的那些不同寻常的事情，在脑子里加以记忆（当然也要储存在你电脑的数据库中）。你可能会惊讶于下次交谈中，当你重复这些事情时对方的反应，结果往往可能使你和那个人的关系变得更加密切。

① TED（指 technology, entertainment, design 在英语中的缩写，即技术、娱乐、设计）是美国的一家私有非营利机构，该机构以它组织的 TED 大会著称。每年 3 月，TED 大会在美国召集众多科学、设计、文学、音乐等领域的杰出人物，分享他们关于技术、社会、人的思考和探索。——译者注

倾听，领导者的第一特质

埃尔顿·梅奥博士
行为科学奠基人

一个真正善解人意的朋友，总是会在我们考虑自身问题的时候不厌其烦地倾听我们的抱怨和牢骚，这种朋友会改变我们对世界的全部看法。

在福特工作了32年之后，李·艾科卡于1978年以CEO的身份加入克莱斯勒汽车公司，并最终成为克莱斯勒的大英雄和传奇式领导人。加入克莱斯勒后不久，艾科卡就意识到公司正处于危难关头，因此他不得不做出一些大胆的决定。他解雇了很多高管，并试图跟大众公司建立合作伙伴关系，但大众得知克莱斯勒债务缠身后拒绝了这一交易。最后，艾科卡迫不得已只好要求政府提供政府担保贷款。他还与工会讨价还价，要求削减员工工资和福利待遇。他把自己的工资降为每年1美元，以此表明，如果公司要继续生存，那么每个员工都必须自愿做出牺牲。他能够理解普通工人，也能够了解高管并促使他们团结协作。1983年，克莱斯勒公司重振旗鼓，并于该年7月13日归还了全部政府担保贷款。艾科卡在一次公开发言中无比自豪地说道："我们克莱斯勒用老办法从政府手中借了钱，现在又把钱全部还了回去。"

艾科卡将倾听誉为成功的关键要素。在他的著作《领导们都去哪了》（*Where Have All The Leaders Gone?*）一书中，他说道："领导者必须展现出他的好奇心。他不应只满足于内部小圈子的俯首恭听，还必须倾听外部人士的意见。商界人士在倾听上花的功夫至少要像他说的一样多。太多的人没有意识到真正的沟通是双向的。"

2008年6月26日，艾科卡被授予克莱斯勒终身成就奖。他在给员工演讲时，讨论了当前的公司战略。在回顾公司50年来所面临的大大小小的挑战时，他告诉员工："团结起来。对你不明白的事情一定要保持好奇心，多提些问题。优秀的领导者首先要拥有一颗好奇心。记住，提问并且倾听。"

脑子转得快一些，但是不要急着开口

威尔逊·米茨纳 Wilson Mizner 美国剧作家	一个好听众不仅仅在任何场合都非常受欢迎，他同时还懂得很多事情。

在生意场上，有时我们必须迅速采取行动。但是当你跟他人沟通的时候，最好的方式却是慢慢来。大脑的运转速度大约是嘴巴的 4 倍。通过练习，你在仔细听他人说话的同时，也能认真思考并真正理解你所听到的内容，然后给说话者以适当的回应。

成为出色的听众的方式就是积极地听。**所谓积极地听，就是不仅有意识地听对方在说些什么，更重要的是去尝试理解他想要表达的全部信息——同时考虑他的语调变化、情感和肢体动作。**要做到这一点，你必须非常仔细地关注对方。你不能允许自己因身边的其他事情而分心，也不能允许自己酝酿在对方结束后该说的内容，更不能忽视对方正在讲的内容。所有这些行为都会阻碍你的倾听和理解。

好的听众用脸倾听

有些最成功人士经常使用的一个技巧就是，要成为一个优秀的倾听者，你必须先表现得像一个好听众。对于每时每刻所接触到的所有信息，人类的习惯做法就是一概不理不睬。因此，很重要的一点就是，改变自己的肢体语言，让自己从看起来是一个不想获取信息的人，转变为一个想努力获取更多信息的人。从根本上说，我们的脸泄露了一切。

另外一个技巧是通过“看”来倾听。你的眼睛接收了说话者所传达的所有非言语信号。通过注视说话者，你的眼睛会与说话者进行眼神接触。当说话者面对一个愿意接收信息的听众时，他们会更卖力地释放信息。你的眼睛有助于在说话者和听众之间建立必须的沟通桥梁。

你也必须用适当的面部表情表达出一系列情感变化，以表明你在跟随说话者的思路。通过根据对方说话的内容适当呈现不同的表情，你能更好地集中于对方所谈论的事情，要相信你的脸也能积极地捕捉信息。

不做超越者

詹姆斯·奥图尔 James O'Toole 作家	从来没有人因为倾听别人说话而惹下什么麻烦，这是人生中最安全的事情。如果你仔细倾听他人说话并且关注他们，你注定会学到很多。

很多年前，在收音机非常流行时，有个很受欢迎的广播节目叫《你能超越这个吗》（*Can You Top This?*），听众可以将他们最喜欢的笑话提交给这个节目。经过筛选的笑话会通过节目播放出来，然后三名评委——全部是当时非常有名的喜剧演员，会各自讲述一个与刚才播放的笑话主题相关的笑话。参赛选手的奖金数额取决于有多少个评委的笑话超越了选手提交的笑话，评判标准是听众的笑声次数和笑的程度。

虽然这个节目已经退出历史舞台很久了，但是游戏一直在继续——这可不是什么好笑的事情。如果我们提起自己最近生的那场病，我们交谈的对方总是会告诉你他前段时间病得差点儿连命都没了。我们在海边度过的一个美妙的七天假期，会立即引来对方关于在瑞士阿尔卑斯山待了一个月之久的长篇大论，不论它发生在 20 年还是 30 年前。如果我们在一个投资项目上赚钱或赔钱，对方会告诉你他甚至赚了或赔了更多……诸如此类的事情不胜枚举。每个人都在滔滔不绝地讲话，但是没有一个人在积极倾听。就在最近，以善于插科打诨而出名的著名喜剧演员格劳乔·马克思(Groucho Marx)最终发现了倾听的重要性。他反省说：“很多年前，我试图盖过每个人，但是现在我不会这样了。我意识到这样只会扼杀交谈。当你总是试图做一个超越者时，你其实并没有在仔细听，这破坏了人们之间的正常交流。”

我在听你说话呢

为了提高你的倾听技巧，与你交谈的对象需要明白你正在听他说，而不是仅仅关注于自身，他们也想知道你将如何对谈话做出贡献。为了理解这一点的重要性，问一下自己，是否曾经在跟别人谈话时，也想知道别人是否在听你说什么？你会问你的信息是否已经被理解，或者是否有必要继续说下去。这种感觉就像在跟一堵墙说话一样，我相信这是每个人都想竭力避免的。

确认可以是很简单的点一个头或是“嗯”一声。你不必赞同说话者，只需要通过这种方式表达你在听他说。使用肢体语言和其他手势来表示你正在听时，也会提醒你要集中注意力不要走神。当你发现很难集中注意力时，尝试在心中重复他们说的话——这会强化信息留给你的印象，并帮你控制思想，避免开小差。

你也应该尝试用一种鼓励对方继续的方式来回应说话者，这样你就可以得到你需要的信息。当用点头表明你对他所谈论的内容很感兴趣的时候，也可以偶尔提个问题，或评论一下对方刚刚谈论的内容，这样会向对方传达一个信息——你不但对他谈论的内容很感兴趣，也理解这些内容。

7个简单而实用的倾听技巧

伏尔泰 思想家、哲学家、文学家	耳朵是通往心灵的道路。

1. 不要东张西望。把你的全部注意力都投入到说话者身上。不要看你的电脑、手机，或注视其他地方。

2. 全神贯注。一定要让自己的注意力全部集中于你面前的人身上——哪怕只是短短的一段时间。如果你觉得自己可能要走神或已经走神，那么就换个姿势，然后尝试仔细倾听对方的言论。

3. 不要打断对方。在对方说完之前别急着发表自己的意见，谈话的人会感激你给他们提供了一个不用时时担心被打断的，能充分表达意见和抒发情感的机会。如果你经常在别人说得兴高采烈的时候插嘴，别人会觉得你根本没在仔细听，哪怕你其实是在很认真地倾听。而且如果你总是在别人说话的同时绞尽脑汁思索接下来应该说什么，那么你是不可能做到真正倾听别人谈话的。

4. 格外关注对方的主要观点。一个人所传达的主要观点就是他想被别人理解的最重要的内容。这些主要观点或者出现在对方谈话之初，或者在对方结束谈话的时候，或者在谈话过程中被多次提及。

5. 观察非言语类提示。一个优秀的倾听者明白，留心观察讲话者没有说出来的意思与仔细倾听他们说出来的观点一样重要。观察对方的面部表情和动作举止等非言语类提示，能让你全面、深入地理解对方所表达的真实意思。

6. 提问。为了完全明白对方所表达的真实意思，你可以多提几个问题让对方进一步解释或澄清。用你自己的话复述对方的观点，能让你知道自己理解的是否正确。

7. 反应。身子坐端正，直视对方，并且偶尔插一两句话响应对方。用肢体动作，比如点头，来告诉对方你正在仔细听他讲话。当然，也别忘记说些肯定性的话语，比如“是的”、“嗯”及“我明白了”等，这样对方就会确信你没有走神。

花在倾听上的时间

通过对跟我合作过的一些最著名的财务专家进行观察，我发现他们在跟其他人交谈方面有一个很重要的相似之处。为了进一步验证我的结论，我对他们（全是美国第一流的财务专家）进行了一个正式的调查，请他们回答在他们跟客户或潜在客户进行交谈时，有多少时间用于倾听，多少时间用于主动交谈。

对年收入超过 100 万美元的财务专家而言，答案几乎是一致的：他们在每个会议中至少会拿出一半的时间用于倾听对方谈论。但最重要的事实是，在他们第一次与潜在客户见面时，为了保证能成功地将潜在客户开发为新客户，他们将大部分时间都贡献在听对方说话上面，而很少主动开口谈自己的观点。你可能会以为财务专家们在与潜在客户进行第一次接触中，会花大量时间声情并茂地谈论自己能向客户提供多么出色的服务，他们拥有多么耀眼的学历和资历，以及他们能以何种方式提供服务。但我们的调查证明，这些一流的财务专家并没有采取这种策略。为了避免客户指责他们夸大其辞或虚构事实，他们巧妙地将第一次会谈的重心放在倾听潜在客户发表言论上面。这种做法似乎跟绝大多数推销人员的做法完全相反。你要知道，这很可能就是这些收入最高的财务专家成功的秘密。

没有听众的国家

已故的《今夜脱口秀》(*Tonight Show*) 电视节目主持人史蒂夫·艾伦 (Steve Allen) 常常在节目中令观众们捧腹大笑，但大笑的同时也恰恰证明了我们每一个人是多么糟糕的听众。艾伦经常走入观众席中，对坐在走道边上的一位观众耳语一句简单的话。这名观众被要求将所听到的话悄声转述给旁边的观众，第二名观众再耳语给第三位观众，以此类推，直至这一排观众的最后一位。艾伦请最后一位观众对着麦克风将其听到的传话大声说出来。

与此同时，原话也会在大屏幕上显示出来。毫无例外，每次最后一位观众说出来的句子跟大屏幕上显示的句子都相差十万八千里。相同的场景夜复一夜地上演，折射出我们实际上是一个没有听众的国家，这是非常发人深省的。上述场景发生在 20 世纪 50 年代中期，半个世纪过去了，情况并没有出现丝毫好转。这个游戏仍然是朋友和同学聚会中的流行节目，并且每次都会给参与者带来极大乐趣，因为最后一名听众说出来的句子永远跟原话有很大的偏差。虽然这是我们不愿看到的事实，但是我还是不得不说，没有任何证据能够证明，我们这个国家在倾听他人说话的情况上比 50 年前有任何改善。

可以通过后天学习而获得的能力

尽管倾听的技能可以通过后天的学习、锻炼不断提高，但是迄今为止，很少有人或书籍教我们如何学习和提高倾听能力。小时候，我们就不乐意听父母的谆谆教诲，等到慢慢长大，我们也用同样的态度和技巧对付我们的老师。当我们踏入社会开始工作和打拼时，毫无疑问，老板和同事们，甚至包括客户和潜在客户们也“享受”到了以前我们的老师和父母所“享受”过的待遇——而他们也用同样的态度和方式来对待我们！事实上，不仅没有人教我们如何倾听，就连倾听的重要性都极少有人谈及。

这里我要告诉大家一个有趣的事实：如果我们把“倾听”（listen）这个单词的 6 个字母拆开进行重新组合，就会得到一个新的单词，即“安静的”（silent），而安静正是一个优秀倾听者的基本素质（你肯定对人类祖先的造词能力感到惊讶吧？）。你用安静倾听的方式传达给对方这样一个信息：“你对我很重要。”为了强化你的各种商业关系，你可以运用的最强大工具就是仔细和安静地倾听别人的谈话。正如在约翰·肯尼迪总统和林登·约翰逊总统时期担任美国国务卿的迪安·腊斯克（Dean Rusk）所言：“说服别人的最有效方式就是用你的两只耳朵仔细倾听他们说话。”

我们可能对这条谚语非常熟悉：上帝给了我们两只耳朵，却只给了我们一张嘴，是为了让我们少听多说。然而，不知出于什么原因，我们仍然相信多说话才是我们令别人信服的必经之路，相信只有这样，别人才能知道我们才华横溢、知识渊博，才能了解我们可以向他们提供极好的服务，这不能不说是一个遗憾。

当然，仅仅靠两只耳朵是无法让我们成为一个优秀的倾听者的，还需要靠眼神接触和交流。用作家和诗人马丁·巴克斯鲍姆（Martin Buxbaum）的话说："倾听别人的谈话时，用你的眼睛倾听跟用你的耳朵倾听一样重要。"确实，如果在别人说话的时候，我们在看其他人或事物，或者两眼茫然地瞪着天花板，别人怎么能相信我们正在仔细倾听他们发表的意见呢？

倾听棒

很多年前，有位叫本·乔伊斯（Ben Joyce）的沟通咨询专家设计了一个简单、实用的倾听棒系统并申请了专利。这根倾听棒实际上是一根小木头棍，一端印着"拜托，你愿意听我说话吗"，而另一端印着"谢谢你"的字样。同时，在这个小木头棒之外还会附送一本《使用者手册》，里面详细地介绍了如何成为一名更好的听众。此外，还有一本和名片差不多大小的《快速使用指导》，告诉你如何使用这根倾听棒。乔伊斯说："如果你倾听别人谈话，你就能学到东西。"或者我们也可以把这句话反过来说："如果你总是一个劲儿地讲，你就什么也学不到。"

乔伊斯继续说道："真正的好听众都是给予者。他们付出尊重、关注、时间、耐心、信任、理解和支持。如果你真的善于倾听，你就能让对方在一种轻松、自在的氛围下继续谈论，而不用担心自己走神或想方设法将自己的注意力挪到说话者身上。你会将倾听对方的言论视为一件乐趣，而根本不会挣扎在听和走神的痛苦边缘上。非常出色的听众能创造一流的关系，因为他们创造了与说话者之间的信任。"

为了建立良好的关系，向别人展示你的关心并告诉对方你很重视他们，以及创造深度连接的信任纽带，你必须重视如何成为一名出色的倾听者。你当然可以主动谈论一些事情，但你的主动发言应该仅限于你向对方提问。在提出问题后，你还要全程仔细地听取对方的答案。如果你觉得对方的答案不甚清楚、明了，你可以要求对方做出进一步解释，并且始终耐心倾听。

倾听不是一种很容易就能学会的技能，它需要你有较高的自制力和注意力。心理学家和作家斯科特·派克（M. Scott Peck，著作《少有人走的路》[*The Road Less Traveled*] 被翻译成 20 多种语言，销量超过 2 000 万册）对此是这样说的："你不可能一边倾听对方的谈话，一边干其他事情。"

努力成为一名好听众吧。这条道路上鲜有竞争者，但它是你与其他人建立牢固和持久关系的最有效方式。

建议

- 如果你的确在专注地倾听，那么在对方说完后你应该会感到非常累。有效倾听是积极主动的行为，而不是被动进行的行为。
- 如果你发现在倾听过程中走神了，那么就赶快换另一个姿势，这样有助于你集中注意力。
- 用你的脸倾听。
- 首先用你的耳朵、脸和身体倾听对方的谈话，最后才让对方听到你的声音。

THE CONNECTORS 连接者测试

倾听能力评估

1. 当我在倾听的时候，我看起来的确像在仔细倾听。
   总是 经常 有时 从不

2. 我会对对方谈论的内容进行总结。
   总是　　经常　　有时　　从不
3. 在我对信息做出判断之前，我会全面听取对方的谈话。
   总是　　经常　　有时　　从不
4. 即使对方出现停顿或突然卡壳的情况，我也会让他们说完尚未说完的话。
   总是　　经常　　有时　　从不
5. 在交谈过程中，我的眼睛总是注视着对方的眼睛。
   总是　　经常　　有时　　从不
6. 我将注意力集中在他所谈论的内容上，而不是他看起来怎么样。
   总是　　经常　　有时　　从不
7. 我会问说话者一些问题，这样我就能更好地理解他想表达的意思。
   总是　　经常　　有时　　从不
8. 不论我是否赞同对方的观点，我会听取他全部的言论。
   总是　　经常　　有时　　从不
9. 我用我的脸倾听。
   总是　　经常　　有时　　从不
10. 我致力于提高自己用心及积极倾听别人谈话的技能。
   总是　　经常　　有时　　从不

THE CONNECTORS 第7章

特质3：多问有助于建立关系的问题

给别人说话的机会

> 如果不问问题，我们根本没法准确地区分事物，没有区分就无法做出决策，而没有决策就无法采取行动。难怪提问如此重要。不多提几个问题，我们将无法、也不可能采取任何行动！
>
> ——鲍勃·比尔（Bobb Biehl）
>
> 作家，管理咨询师

很明显，要想充满好奇地倾听，发挥其对商业关系的积极作用，前提必须是让对方开口说话，否则我们听什么呢？但是你如何让对方开口说话呢？答案就是“提问”。善于提问的人能通过问题引出精彩的交谈，进而在彼此之间产生更好的印象并建立更深入的关系。总之，正如爱因斯坦所说：“重要的是，不要停止问问题。”

你今天问什么好问题了吗

弗朗西斯·培根 哲学家、思想家、科学家	提一个深思熟虑的问题本身就是一种智慧。

除非你对物理学抱有浓厚的兴趣，或正好是一位物理学家，否则你可能根本不知道马丁·佩尔（Martin L.Perl）这个人。佩尔 1927 年出生于纽约市，父母是犹太人，在 20 世纪初从俄罗斯移民到美国。佩尔是一位杰出的物理学家，并且在 1995 年获得诺贝尔物理学奖。

有一次，当被问及是什么帮助他取得成功时，他回答说是他的母亲。他解释道："小时候每天放学回到家里，妈妈总是问我今天有没有在学校里提几个好问题。"

正如佩尔从小就学会的，提出好问题是建立良好关系的有效方式之一。你可能正在跟隔壁的邻居聊家常，或与刚刚见面的潜在客户进行正式会谈，或在乘飞机时与邻座的陌生乘客随意交谈，但无论你交谈的对象是谁，无论是在什么场景下，你都应该多提一些问题，并且要提一些开放式问题。这些问题的答案不仅仅是一个简单的"是"或"不是"，它们还要求对方进一步提供其他信息。通过这些开放式问题，你可能会惊异于从对方口中获得的海量信息。

最近，一个同事同我分享了一个关于如何有效提出开放性问题的故事。他和妻子邀请了一对刚搬过来不久的夫妻跟其他几户老邻居一起来家里吃点心。"其中有一位女士一直不停地与在场的每一位邻居进行交谈，"同事说道，"她饶有兴趣地问一些有关邻居们背景和家庭的问题。她提出的问题和提问的方式让在场的每个人都感受到了她发自内心的关怀。那天晚上聚会结束时，我们不仅对新来的两位邻居有了更好地了解，还对已经共同生活了 5 年、自以为非常熟悉的老邻居们有了更深入地认识，而这些都得感谢那几个看起来不起眼但真诚、体贴的小问题。这种体验太棒了！"

有效地发问

保罗·布莱恩特 Paul "Bear" Bryant 美国大学橄榄球球员和教练	向他人学习。多问问题。做一个好的倾听者，并对周围发生的事情保持敏感。

"错进，错出"（Garbage in, garbage out）是一个流行短语，经常被用于计算机技术领域。如果你输入错误的信息，那么因此而输出的信息肯定也是错误的。同样地，它也普遍适用于人与人之间的交流和沟通：如果你问的问题不正确，那么你得到的答案肯定也是错误的，或至少不是你所期望的信息。

提出好问题是进行有效沟通和信息交换的核心。通过在特定场合正确提问，你将能提高自己的沟通技能。你能收集到更有价值的信息并学到更多，能更有效地管理人们，帮助他人学习，并且最重要的是，创造更持久和更牢固的关系。

只问正确的问题

歌德 德国思想家、剧作家、诗人	如果你想得到充满智慧的答案，那么你必须先提出一个合理的问题。

不久之前，我和丈夫体验到了提出正确问题所带来的无穷好处。当时我们准备买一处新住所，正在到处寻找房源。最终我们的新房子搞定了，但价格比我们的预算高出了不少，而且还是在一个我们不想居住的城市里。难道是我们厌倦了无休止地寻找理想居所的漫长过程？抑或是我们被急于做成生意的房产经纪人的花言巧语给迷惑了？不，不，都不是。

我们选择的房地产经纪人叫温迪，她从不试图强迫我们接受任何房子。相反，她只是一个问题接一个问题地问我们提问。她的问题包括：我们想找什么样的房子、我和丈夫希望房子有什么特点，以及为什么这些特点对我们很重要。她问了足足有两个小时。我现在还记得在回答她的问题时，我如何详尽地描述了我梦想中的厨房应该是什么样子。我的新厨房必须很大，有很多橱柜，中央有一个长长的平台，有一个双层烤炉，并且四周都得有柜台。我不煮饭，而温迪也知道这一点，但是，由于她的提问，她明白了为什么我想要这么一个厨房——我们总是时不时地邀请别人来家里聚会，而场地基本上就是厨房。因此，我希望未来的厨房能容纳很多人，并且有利于客人们彼此进行交流和沟通。如果温迪没有问那些问题，她可能会想当然地以为一个小小的厨房就能满足我的要求。在这里，正确的问题不是“你喜欢做饭吗”而是“请告诉我你都在厨房里做些什么”。

当温迪在电话里说已经为我们找到了中意的房子时，她没骗我们。我在那栋房子里没走几步就知道，我们的理想居所非此地莫属了。现在你知道我们为什么花了那么高的价钱在我们原本并不喜欢的城市买房子安家了吧，这也是为什么温迪是这一带业绩最高的房地产经纪人。我当时并不知道温迪的业绩如此突出，因为她并没有刻意告诉我们。她把全部时间都花在问问题上，而不是炫耀自己有多么厉害。事实上，她也没有必要告诉我们。凭借她的耐心和勤于提问，她成为当地最好的房地产经纪人是理所当然的。当你运用这种方法并且留意你因此而获得的答案时，你根本没有必要费心地去刻意经营自己的信誉和名声，你为客户所做的一切就是你信誉的最好传播者。

触动别人心灵深处的问题

托马斯·伯杰 Thomas Berger 小说家	提问的艺术和学问是一切知识的来源。

如果说，我们能在个人层面上对其他人产生一些影响，那么影响他人的因

素可能不是我们说了什么，而是我们对他人的所言所感有什么反应。如果我们能明白事情的关键所在，并且倾听对方生活中的酸甜苦辣，我们就能与他们建立起一层意义非凡的关系。如果我们不是急于讲述自己的故事，而是安静地倾听他们的心声，并真诚地表现出自己对他们处境的关切，对方会认为我们跟其他人不一样，对我们的态度和感觉也会更积极、更正面。

为了做到这一点，我们得学会提问，使问题问到点子上。这些能强烈碰触对方心灵的问题包括：

- 跟我讲讲你孩子们的一些事情吧。
- 你在创业初期或在进入这个行业之初所面临的最大挑战是什么？
- 是什么让你在晚上仍然能保持清醒状态？
- 你最大的成就是什么？
- 你对谁负责？

几乎每个人在回答上述问题时都会产生某种情感反应。如果你发自内心地提出这些问题，并且充满兴趣地仔细倾听对方的答案，那么你和对方之间将会很快建立起关系，并且这种关系不会轻易被对方抛诸脑后。

加速关系前进

在对方真诚地回答问题的前提下，有这么一些问题能加速你们建立关系的进程。加拿大年仅 24 岁的詹姆斯·蒂莫西·怀特（James Timothy White），是一位白手起家的百万富翁，他将自己取得成功的原因归结为他与别人建立关系的能力。怀特现在经营着一家市值达数百万美元的国际性企业，你绝对想象不到，这家公司是从园林绿化业务开始的，一把价值 20 美元的铁锹是他唯一的设备，当时怀特只有 12 岁。

这位年轻企业家成功的秘密就在于，他具有与对方在短短30秒时间内建立长期关系的非凡能力。怀特说他并没有做什么特别的事情，他只是简单地问了一个问题："请告诉我一些别人不知道的事吧。"这个问题让怀特知道了客户各种各样令人难以置信的事情。他向对方保证，他绝不会把这些事情告诉任何人，并且真的做到了守口如瓶。正是怀特本身所具有的极高的可信赖感和对别人的深切关怀，让对方向他敞开心扉，无所不谈。事后，对方经常会说："我简直不敢相信我竟然告诉了你这么多。"尽管如此，怀特明白，最重要的不是他们向怀特敞开了心扉，而是他在对方敞开心扉的同时一直在仔细倾听，并且在听完这些不为人知的秘密故事后，仍然一如既往地喜欢对方。

当你通过提出问题触碰到对方的心灵最深处，并且说服他们与你分享对他们而言真正重要的事情时，你就已经建立了一条连接对方心灵的纽带。你能做到这一点，是因为你的倾听和提问让对方感到你对他们抱有极大兴趣，而你也总能与对方产生共鸣。他们向你敞开心扉，将最本真的自己展现给你，因此，你总能与对方保持长期而深入的关系。

实现梦想

奥格·曼狄诺 Og Mandino 《羊皮卷》作者	采取学生的态度，绝不要因太有成就而不问问题。绝不要因为知道得太多而不学习新知。

本章一开始，我们引用了鲍勃·比尔在其著作《多提问题》(*The Question Book*)一书中的一句话。作为多年来非常成功的一位管理咨询师，比尔通过学习如何提问而获得事业的成功。他写道："对于世界上任何难题，如果没有与之相关的问题或系列问题被提出来，就没有一个难题能被人们克服。"

我有一个名叫鲍勃·凯利(Bob Kelly)的同事跟我讲了他和比尔之间的个

人交往。鲍勃曾经做了很长时间的银行家，后来因为接受了一份与银行业完全不同的新工作而从佛罗里达州搬到了加利福尼亚州。但不幸的是，他所任职的单位出现了严重的财务问题，他不得不接受被裁员的命运。

比尔是鲍勃搬到加利福尼亚后最初交到的几个朋友之一。因此在失业后，他跑到比尔那里寻求意见和帮助。比尔并没有提供任何建议，相反他只是一个劲儿地问鲍勃问题。

"如果不考虑钱的话，你最想做什么？"

鲍勃答道："我总是梦想着为自己做些事情。"

"做什么呢？"比尔接着问。

"写作和编辑。"鲍勃老实回答道。

比尔下一个问题是："那么为什么你之前没有从事写作和编辑呢？"

鲍勃解释说："我得养家糊口啊，我太太和孩子们都靠着我来生活呢。每月定期交给太太一份固定的薪水对我而言是最最重要的事情了。"

"可是鲍勃，你现在已经没有薪水可拿了。因此好好想想现在是什么阻止了你追求自己的梦想呢？"比尔继续启发道。

比尔没有提供任何建议，甚至也没有试图说服鲍勃[①]走一条什么样的具体道路。他所做的只不过是提出一系列问题，然后等待鲍勃做出回答。这就是为什么鲍勃开始行动起来，为实现自己的梦想快乐地忙碌着。

向你的员工提问

克洛德·列维－斯特劳斯 人类学家	有智慧的人不是提供正确答案的人，而是提出正确问题的人。

对通用电气的传奇 CEO 杰克·韦尔奇而言，商业领导者的工作无非就是

① 原文为"Jim"，似有误，应为"Bob"。——译者注

知道应该问下属什么问题。他说："管理的全部含义就在于提出正确的问题，然后获得正确的答案。"为了了解通用电气每个部门的战略性问题以及这些业务部门的运行情况，韦尔奇经常会问员工下述 5 个战略性问题：

- 你现在所面临的全球性竞争环境是什么状况？
- 在最近三年中，你的竞争对手都做了些什么？
- 在最近三年中，你采取了什么对策来应对你的竞争对手？
- 你的竞争对手在今后可能会如何发起进攻？
- 在大幅度超越竞争对手方面，你有什么计划？

基于员工对上述 5 个问题提供的答案，韦尔奇收集到了他做出决策和领导团队所需的全部信息。

向你的客户提问

托尼·罗宾斯
Tony Robbins
世界第一潜能激励大师

成功的人总能提出更好的问题，因此他们也会得到更好的答案。

客户其实会有意无意地依据几个因素对你进行评分，这些因素包括满意度、愉悦感、服务、沟通及你的员工等。但是，你知道客户到底给你打了多少分吗？你有没有想过去了解他们的满意度？或是对客户而言，你和你的公司最重要的价值是什么？询问客户什么是他们最需要的，这些答案可能是你运用提问艺术的最佳领域之一。如果你知道了上述所有问题的真实答案（包括客户对你的评价、你对客户的价值所在，以及客户最需要的产品或服务），你肯定会做出更好的决策。

如何有效地提问

乔·萨科 Joe Sacco 美国漫画家	我所知道的是，没有人不喜欢谈论自己，而你正好可以利用人们这种本性向他们发问，给对方充分谈论自己的机会。如果你采用了这种策略，它无疑会成为你的巨大优势。

你提问的方式对于建立有效沟通的基础非常重要。有价值的问题会开启知识和理解的大门。因此，提问之前做足下列准备工作是十分重要的：

- 知道什么是最佳的问题以及什么时候提问最合适；
- 在提问之前略微思考一下；
- 如果有可能，在会见对方之前做些搜索和调查工作，这样有助于你在会谈的时候提出最恰当和最能打动别人的问题；
- 考虑一下你需要的答案类型和长度，然后据此设计你的问题。

Lefora公司是一家论坛主持服务公司，其CEO是保罗·布拉吉尔（Paul Bragiel）。布拉吉尔目前经营着三家不同的软件和游戏公司，他说多年来自己一直致力于与尽可能多的人主动进行联系。只要有可能，他会在见面之前先调查一下对方的背景信息，这样有助于他识别对方感兴趣的领域，并提出与这些领域相关的问题，进而仔细倾听。

布拉吉尔对如何与他人进行联系和沟通很有研究，并因此开发了一款软件。通过这款软件，人们能在网上建立论坛，并就共同关心的话题进行提问、讨论和交流。目前他们已经拥有超过5万个网上论坛小组，并且有100多万名注册用户。

选择问题

> 查尔斯·斯坦梅茨
> Charles P. Steinmetz
> 发明家及电气工程师
>
> 没有人会真的变成傻瓜，除非他不再问别人任何问题。

你想得到什么样的答案就会提出什么样的问题，问题总是为答案服务的，对吗？同样地，如果你提出了一个开放式问题，就表明你希望对方不受约束地自由作答，以交流尽可能多的信息。开放式问题不能直截了当地用“是”或“不是”来回答，它是指那些通过它，可以对他人性格特质有更深入的了解且邀请别人畅所欲言的问题。

跟你刚刚认识的人进行交谈，会有一个从礼节性寒暄到深入了解这个人的过程。能够促进该转变发生的一个非常有效的技巧就是，向对方提出一些新颖的开放式问题，这些问题能建立彼此之间的默契度和亲密度，并且令对方畅谈他的经历、观点和喜好。

开放式问题和封闭式问题

> 詹姆斯·瑟伯
> James Thurber
> 美国作家、漫画家
>
> 问几个问题比知道全部答案要好得多。

开放式问题鼓励说话者与听众进行分享，它们会引出比封闭式问题更有深度的答案。“是什么”和“为什么”这类问题都是比较好的开放式问题。

封闭式问题通常只会得到非常简短的答案，有时甚至只是单单一个“是”或“不是”。比如，“你很累吗？”一般跟随而来的答案是“是”或“不是”。“你的出生地是哪里？”通常得到的只是一个对方出生地地名的答案。

而开放式问题会引导出更长、更有深度的答案。它们常常以“是什么”、“为什么”及“怎么样”开头。一个开放式问题要求对方就他的知识、观念或情感做出详细地回应。“告诉我”和“描述一下”也可以被用作开放式问题的开头。让我们看看下面这些例子：

- 今天的会议上都发生了什么？
- 她为什么那么说？
- 比赛怎么样？
- 后来发生了什么？
- 多告诉我一些信息吧。

开放式问题有助于形成开放性的交谈，并且能够探寻到更多细节。你也可以用它们来发现对方的想法，或他们所面临的问题。

开放式问题举例

下面这些问题（排列不分先后）是几个典型的开放式问题，你可以运用它们了解交谈对方的更多情况。当然，如果你正在销售某种产品，比如房子、汽车或投资等，你还需要结合具体情况问一些与销售对象相关的问题。

- 请介绍一下你自己吧。
- 你看重什么？
- 你的短期目标是什么？
- 你面临的最大挑战是什么？

- 是什么让你在晚上能一直保持清醒的状态？
- 你想要和需要的东西是什么呢？
- 什么会让你产生最大的满足感？
- 如果你有无限的时间和资源，你会做些什么？
- 到目前为止，你认为自己最大的成就是什么？
- 哪个人对你产生的影响最大？以什么样的方式？
- 十年后你想过怎样的生活？
- 你对退休后的生活有什么打算吗？
- 你在空闲的时候最喜欢做什么？
- 你想让人们怎样评价你？
- 你最羡慕别人身上的什么特点？
- 你对什么户外活动感兴趣？
- 你最快乐的回忆是什么？
- 你如何定义成功？
- 你如何定义伟大？
- 你想让别人记住关于你的什么事情？
- 如果你正在写自己的墓志铭，你会写些什么？

不论你提出什么问题，你都要明白：提问不是目的，提问后仔细、安静地倾听对方的回答才是目的，这一点极其重要。在任何情况下，你都不能利用提出的问题或得到的答案作为自己抒发个人情感的平台。否则，这将确定无疑地暴露出你其实对其他人缺乏真正的兴趣，你重视的只是你自己。如果你给对方留下的是这个印象，那么你问再多的开放性问题也于事无补，甚至只会加重对方对你的不好印象。

漏斗式提问

漏斗式提问是指，在交谈之初提些一般性问题，然后随着谈话的推进不断探寻更细节的信息。警察在询问证人时经常采用这种方法。这是一种策略，可以更深入地与别人交谈，从而获得尽可能多的信息。实话跟你说吧，当年我上高中的时候，我父亲就经常用这种方法对付与我约会的男孩子们。对我来说，这可不是什么好事，但我的父亲却总是能在短短 15 分钟内就迅速了解了那些男孩子们的许多事情，甚至比我知道的还要多得多！

采用漏斗式提问有助于你发现关于某一点或某个人的更多细节，吸引交谈对象的兴趣，或提高他们的自信。当你要求对方多告诉你一些事情时，会让对方将精力集中于某一特定范围并提供更多信息。如果你注意使用诸如“具体来说”、“事实上”或“特别地”等词语，会给对方一种无形的暗示，让他们告诉你关于某一领域的更多情况。让我们来看看下面这个例子，你就会明白这些词的妙用：“您刚刚谈到，您是在纽约的时候开始研发这个产品的。具体来说，是什么促使您开始研发这个产品的？您还记得您开始研发的准确时间吗？”

不要锋芒毕露

苏格拉底早在 2 300 多年前就开始使用这个技巧了，他佯作无知而鼓励其他人充分表达自己的观点。今天，世界上很多最聪明和动作最迅速的商业人士也将这个技巧运用到了炉火纯青的地步——他们总是有意或无意地隐藏自己的聪明才智。即使你绝顶聪明或者无所不知，也不要过分展示自己的聪明才华和渊博知识，更不要不屑于向别人多提出几个问题。真正的社交高手明白，不论取得了多大成功，他们总有一些东西需要学习，有些方面需要提高，如果主动向对方抛出大量问题，他们就能做好更充分的准备，然后迅速做出决策。

THE CONNECTORS 连接者测试

提问技巧评估

1. 我每天都会提出一些好问题。
总是　经常　有时　从不

2. 我每天会问我的配偶、我的孩子们或其他特别重要的人至少一个开放式问题（只是个私人测验而已，不用紧张☺）
总是　经常　有时　从不

3. 我在提出问题前会先仔细考虑一遍。
总是　经常　有时　从不

4. 在与其他人见面之前，我会做些准备工作，这样我就能向对方抛出最佳问题。
总是　经常　有时　从不

5. 第一次与陌生人见面时，我就知道应该问什么开放式问题。
总是　经常　有时　从不

6. 我每天都问同事们一些问题。
总是　经常　有时　从不

7. 我每年都会正式地向客户提出一些具体问题并记录他们的答案，以帮助我在今后做出更出色的决策。
总是　经常　有时　从不

8. 当我认为我是谈话的主导者时，我会向对方提出更多的问题。
总是　经常　有时　从不

9. 当我想发现更多事实时，我会采用漏斗式提问的技巧。
总是　经常　有时　从不

10. 即使我认为自己可能知道答案，我也会继续提问。
总是　经常　有时　从不

THE CONNECTORS 第8章

特质4：让生意自动完成

用创造性思维进行销售

我们前面已经讨论了一流的连接者用来进行有效倾听和提问的方法。然而，你可能还会问：“没错，这些方法的确很棒，但问题是，怎么样才能说服对方，让他们按照我的想法行动？让他们购买我的产品？让他们为我的产品说好话？让他们成为我的终身客户？如果一切都是为他们好，那怎么才能对我也有好处呢？”

当你为他人着想、提出很多与他人有关的问题，并且充满好奇地倾听对方的回答时，你就通过这种方式向对方表明了你对他们的关心。这样，对方很容易对你另眼相看，而这是你最终为自己获得好处的秘密武器，且一切都完成得那么自然、积极。从根本上说，商业的核心在于销售，而将东西销售出去和销售更多东西的一个主要策略就是让生意自动完成。可是，如果你把注意力全部都放在向别人推销东西上面，而不顾别人是否需要，你就忽视了其他人的感受和利益，而只是一味地追逐自己的利益和好处，这可不是积极完成生意的策略。将注意力重心放在哪儿，是“推销”和“销售”的主要区别所在。

事实上，如果你通过真正考虑对方的需要而与潜在客户建立起关系，那么当你突然转变态度，试图向他们兜售你的产品时，无疑会摧毁你费尽千辛万苦才建立起来的关系。如果使用硬塞给他人的策略，你可能这次会尝到甜头，但牺牲了今后的长远利益，而今后的长远利益才是连接者所关心和追求的。我们已经发现，一流的连接者能依托自己在建立和维护关系时所付出的努力，为自己带来更多的销售，并且这个过程要轻松、容易得多。

生意之所以会自动完成，是因为客户对你的产品有强烈的购买欲望。如果有人想要你的东西，想做追随者，想有所行动，那么生意自然可以不费吹灰之力就完成了。

只给客户想要的

在销售界有个再简单不过的道理，那就是：如果你手里有客户想要的东西，你根本不必为销售发愁。沃尔玛创始人山姆·沃尔顿曾经说过，他的整个事业都受一个十分简单的原则引导，即“零售业要想取得成功，秘密就在于向客户提供他们需要的东西。”

沃尔顿并不是整天坐在办公室里凭空想象客户需要什么东西，相反，他总是深入第一线与员工和客户待在一起，每时每刻都不忘记与他们进行连接。即使被诊断出患上了致命的骨癌，他仍然整天在不同的城市间飞来飞去，从一个沃尔玛卖场到另一个沃尔玛卖场，并与同事一起拜访客户。在他去世前三周，当时的美国总统小布什亲自飞往阿肯色州的本顿维尔市（Bentonville）向沃尔顿授予总统自由勋章。而庆祝仪式的参与者并没有局限于一小群有头有脸的人物，沃尔顿还同时邀请了数百位在沃尔玛工作的同事参加。在他生命的最后时刻，除了他的家人外，他还会见了当地沃尔玛卖场的经理，跟他一起讨论了卖场在那个星期的销售情况。

多年来，沃尔顿除了向客户提供他们想要的——尽可能低的商品价格、灵活方便的营业时间、对商品了解全面的售货员、满意度保证及友善的购物体验外，还同时向他的员工提供他们想要的东西。每个周六上午 7 点 30 分，沃尔顿都会召集几百名主管、经理和普通员工讨论公司的经营情况。每次会议开始时，他们都会唱阿肯色大学的拉卓贝克加油歌（Razorback cheer），当然，在会议上他们还会反复呼喊沃尔玛的加油口号。这些行为看起来似乎有些老套甚至可笑，但奇妙的是，正是这些看似好笑的举动，在沃尔顿个人的领导风格润滑下，产生了一种非常可贵的企业文化——员工们觉得在这里工作与在别的单位不一样，这里不仅仅是工作的地方，更像一个充满人情味儿的大家庭。

建立关系和完成销售的 3 个策略

下述 3 个策略在完成销售方面的作用可能非常明显，而它们对于建立和维系关系的贡献同样不容忽视。记住，我们在关系建立方面做得越好，我们能完成的销售也会越多，并且过程越容易！这 3 个策略是：

- 创设情感；
- 让客户自己得出结论；
- 培养客户的购买欲望。

策略 1：创设情感

让潜在客户拥有“我想要它”的观念，是实现更多销售和更轻松获得订单的简单法则，没有人会对此提出异议吧？但是，要成功地让潜在客户树立这种观念，可不仅仅是告诉他们这个东西有什么特点、会给他们带来什么好处这么简单，它更取决于潜在客户对这个产品是否有感觉。如果我们能与客户在情感层面上建立关系，生意自然会更快地完成。

2000年，萨拉·布雷克里（Sara Blakely）卖出了第一条Spanx连裤袜，客户是内曼·马库斯商场（Neiman Marcus）[①]。2002年，她获得安永年度企业家奖。截至2008年，Spanx已经有75名员工，萨拉本人为各种慈善活动的捐款也累计超过100万美金，而她的产品也在诸多主流的女性杂志和电视节目——比如《奥普拉脱口秀》、《今日秀》（*The Today Show*）、《观点》（*The View*）、《泰拉·班克斯秀》（*The Tyra Banks Show*），以及包括CNN网站在内的网络媒体上纷纷亮相。有关她产品的故事被众多杂志、报纸和电视频道竞相报道，无数的名流淑媛也竞相购买Spanx产品。

但是，布雷克里在Spanx产品上所获得的巨大成功不是凭借她有强大的财务背景、受过商学院的良好教育（事实上，她并没有接受过正式的商学院教育，相反，你可能不太相信，她连续两次都没有通过法学院的入学考试），或在女性内衣行业拥有众多的人脉资源——这些能力和资源她一无所有。布雷克里之前只是一名销售培训师兼独角戏喜剧演员。

布雷克里卖出的第一个产品是无脚连裤袜，这种连裤袜能让女性的腿部和臀部曲线看起来更平滑。如果你稍微留意一下就不难发现，我们的市场上到处充斥着此类产品，它们声称能帮助女性塑造迷人的形体，使她们看起来完美无瑕。那么，布雷克里是如何在众多竞争产品中脱颖而出的呢？非常简单，布雷克里自己就是产品和客户的连接纽带，她用自己的身体亲自向客户展示产品，并且成为公司不断发展壮大的催化剂。布雷克里并没有采取将样品寄给百货商店请求它们购买等传统的推销方式，而是通过将产品穿在自己身上向客户进行展示的方式一举打开市场的。她亲自给位于达拉斯市的内曼·马库斯商场的负责人打电话，并且在电话里对自己进行了简单的介绍。然后，她告诉对方自己发明了一种客户在日常生活中不可或缺的产品，如果对方同意给她10分钟的时间，她将立即飞往达拉斯。内曼·马库斯商场的负责人同意了。

布雷克里后来回忆说："我并没有觉得有什么难为情的……我请她跟我到

① 根据维基百科的解释，内曼·马库斯商场是一家以经营奢侈品为主的高档百货商场，总部位于美国的得克萨斯州，在全美国共有40余家店面。——译者注

洗手间，并且向她展示我奶油色内裤里面的连裤袜，前面和后面都让她仔细瞧瞧。三周后，Spanx 就摆上了内曼 · 马库斯商场的货架。”接着，布雷克里逐个打电话给所有住在设有内曼 · 马库斯商场的城市里的朋友，包括她能回想起名字的小学同班同学。她请求她们走进内曼 · 马库斯商场，使劲夸赞她的产品，然后把它们通通买光。她的亲朋好友们——即使关系不怎么密切的人，全照做了，并且因此掀起了一阵产品抢购热潮！

布雷克里不是靠嘴巴到处兜售她的产品，而是靠把自身不完美的地方展示给客户（她知道，很多女性也可能会与其他人进行这方面的交流和分享），然后亲自示范产品在她身上产生的巨大效果。通过这种方式，女性客户们就开始想象产品在她们身上会有怎样的美妙效果了。

布雷克里很清楚，要想进一步打开市场，她必须投放广告来让更多的人了解她的产品，但不幸的是，她没有钱打广告，于是她不得不硬着头皮亲自上阵。整个第一年，她与其他促销员一起亲自现身商场的促销活动，一待就是一整天，为客户详细地介绍产品。她因为向每一个过往的女客户抬起穿着内裤的腿而家喻户晓。在布雷克里看来，这不仅仅是一件商品，它更是一件让女人看起来更迷人、更自信的方法。事实上，她投入的不仅仅是自己的产品，还有自己的身体和可信赖度。通过这种大胆、新颖的方式，她与潜在客户进行了广泛的联系，并且创建了非比寻常的关系，从而使产品源源不断地销售出去。

策略 2：让客户自己得出结论

事实上，当我们告诉潜在的客户我们能提供什么产品，以及为什么他们应该在我们这里购买时，我们其实选择了一条并不总是能给我们带来订单的危险道路。千万不要低估客户的智商，他们中的绝大部分人最明白自己所面临的难题，并且知道最适合自己的解决方案。别忘了，他们以往正是凭借自己的最佳判断（最起码他们自己是这样认为的）才做出购买某项产品或服务的决定的。因此，如果一个销售人员告诉潜在客户——哪怕仅仅是暗示，他之前做出的购买决策有多么错误或愚蠢，那么不论实际情况如何，我相信没有几个客户会愿意听到这样的评价。但如果能通过某种方式让他们自己得出这个结论，最终的结果将有天壤之别。

销售学上有一个叫作“楔入法”（The Wedge）的理论，是由销售业绩培训师兰迪·史旺兹（Randy Schwantz）首先提出来的，它是指销售人员应当向客户或潜在客户提出一些问题，即使他们已经知道这些问题的答案。这样做有助于开拓客户的思维，使他们自己想出其他的解决方案，而不用销售人员直接说出这些答案。在 Spanx 案例中，这个很容易做到，因为客户只要试穿产品后照照镜子就知道这个产品是否有效了。但是，如果你销售的是咨询服务或其他无形的、不可见的产品呢？咨询服务可不能立马就激发起人们的情感，客户也不可能像照镜子那样又快、又清楚地看到结果。

我的公司就是一家提供咨询服务的公司，那么，我是怎么做的呢？假设我正在会见一个对我的公司非常感兴趣的潜在客户。我意识到我的公司和这家客户目前聘用的咨询公司有很多不一样的地方，但是如果在会面中我只是一味地告诉他为什么我们公司更出色，这位潜在客户将非常有可能产生戒备心理，并对我避而远之。因为即使现在他对这家公司的服务并不完全满意（这也是为什么他跟我洽谈合作的原因），但当初也毕竟是他做出聘用现在这家公司的决定的。我知道变更咨询公司对他们来说很困难，因为他们并不想承认自己之前做出了错误的聘用决定，因此，我并没有列举出一大串为什么应该聘用我们的理由，相反，我可能会问这位客户下面这个问题：

“您现在的咨询公司每个月大约什么时候与你们会面，以检验市场营销策略在实施中的实际效果，并根据这个结果对该策略进行调整，进而影响之后的销售情况？你们对这个流程满意吗？”

这位潜在客户可能会这样回答：“嗯……事实上，我们每年只会进行一次这样的反馈和总结活动，我们也不是每个月都根据反馈及时调整营销策略的。你们公司会这样做吗？”

仅仅告诉潜在客户你提供的服务的特点和好处是不够的，仅仅向他们提供你的增值销售建议也是不够的，仅仅建立关系本身仍然是不够的，事实上，大多数优秀的销售人员已经这么做了。一流的连接者之所以能很轻松地完成销售目标，是因为他们事前进行了相关调查，并根据调查结果提出了正确问题，从而引导潜在客户自己得出结论——他们必须购买你的产品或服务。以这种方式，你将能在获得客户的同时，给客户充分的尊重——即使在整个过程中你不需要与同行直接竞争。

策略 3：培养客户的购买欲望

我们的房地产经纪人温迪无疑是那种成功践行“让客户自愿购买”原则的人。她当然会在我们完成购房交易后获得一笔佣金，但是在整个过程中，她没有表现出一丝一毫强迫我们接受某栋房子的意思和行动。她并没有花大把时间滔滔不绝地讲房子有多么好、我们为什么一定要买，也没有一个劲儿怂恿我们买下房子，或者告诉我们如果不马上出手我们肯定会后悔莫及等。她所做的只是找出我们真正需要的房子类型，以及哪些房子的特质对我们而言是最重要的，然后四处寻找符合我们要求的房源。如果能做到这一点，你根本不必花费很多精力和口舌在推销上，客户的购买欲望自然而然地会被你激发出来。

推销是指让人们去购买他们尚未有购买意愿的产品，而购买是人们获取想要或需要的产品的行为。你渴望客户自己已经做到这一点，即客户已经产生或具有购买你产品的需求或欲望，这就是英国当代著名裁缝理查德·安德森（Richard Anderson）所达到的境界。

> “每次去他的店里我都会买些衣服，并且心里感到美滋滋的。而且每次从他那儿出来后，我就一点儿也没有去其他地方购买衣服的欲望了，因为我从他那里已经买到了足够多的衣服，并且这些衣服都是我需要的。”理查德·安德森的一位忠实客户如是说。
>
> 理查德·安德森是伦敦萨维尔街（Savile Row）一位服装定制裁缝。这一地带以其出色的个性化定制及其传统而享誉世界。在这里，每一件客户定制的服装均是原创且独一无二的。

理查德·安德森和他的团队每年定期前往美国、日本和欧洲其他地区为当地客户提供定制服务。他们的客户都是各行各业的顶尖人士，比如摇滚歌星、银行家、律师、商业精英以及选秀节目《美国偶像》（*American Idol*）的评委西蒙·考威尔（Simon Cowell）。他们在向成千上万反复购买他们服装的客户销售定制服装时有一个非常有趣的模式，那就是他们从不推销。你可别忘了，平均算下来，一件西装、运动服、晚礼服及其他任何定制化服装的售价不会低于 3 000 美元！

在最后交货前，理查德通常会安排客户试穿三次，而理查德和客户之间的关系就在这些试穿过程中自然而然地建立起来。“每次去理查德店里试完衣服，我们都会谈论一下各自的事业，有时半个小时，有时更长。我感到他们是真正地了解我，而不仅仅是记住了我的衣服尺寸，”一位美国客户由衷地称赞道，“当我们见面时，他们会拿出他们新发现的布料给我看。这些新布料简直跟我想要的一模一样，他们知道我会喜欢这种布料的，因为他们对我非常了解。我可以在商场花几个小时买到非定制服装，但最后我总会把它们交给裁缝再次裁剪。我也可以在这里花很少的时间买到非常合我心意的服装，并且是专门为我制作的，绝对是独一无二。而且，我在这里从未被要求掏钱买衣服，他们根本不必这么做。”

自 1982 年开始，年仅 17 岁的理查德·安德森就以学徒的身份开始在萨维尔街工作。理查德·安德森公司于 2001 年开业，成为本地区最年轻的定制公司。理查德本人除了是该公司的联合创始人外，还担任该公司的首席裁缝和执行董事。2009 年，他写了一本自传，名为《服装定制》（*Bespoke*），并由西蒙与舒斯特出版公司（Simon &Schuster Ltd.）出版。通过致力于提供个性化服务以及重视客户的独特要求，他创建了世界上最成功的裁缝店之一。他的成功证明了，如果你拥有客户真正想要的东西，你根本不需要向他们进行任何推销。记住，一秒钟都不需要！

问得越多，理解得越透彻

我有位在佛罗里达州萨拉索塔市（Sarasota）工作的朋友，他是我在服务咨询领域认识的人脉关系最广的连接者。他将连接者公式中所包括的技巧运用得极其娴熟(可以说已达到出神入化的境界),并享受着因此而获得的巨大收益。当我第一次见到他时，我问他是如何开拓了这么多愿意把钱投资给他的高端客户的，他的回答令我十分吃惊："因为我是一个好听众。"但是我发现，除了倾听之外，他在其他方面做得也相当出色。他告诉我，在他与潜在投资者第一次接触时，如果他能将绝大部分时间用于向客户提出问题，并且极少主动发表看法的话，客户就会非常乐意跟他做生意。

他的成功秘诀就在于他倾听的方式，即他投入的时间和精力，以及他提出的富有洞察力的问题。同时，这也正是他避免谈论自己，以及尽可能充分了解潜在投资人相关状况的一种方式。但是与其说他的成功是上述各个因素单独促成的，不如说是这些因素综合发挥作用的结果。这位财务顾问是在他某次换工作后开始运用这种方法的。他的新东家是一家很小的投资公司，因为很多投资者都没听说过这家公司的名字，所以他在开拓新客户方面表现得不尽如人意。他对此进行了深刻地反思，认为是他对客户购买动机的不甚了解才导致他无法吸引更多的客户。因此，绝望之中，他开始大量提问以了解客户的真实情况。结果就是，他问得越多，理解得越透彻，而且，他花在倾听潜在投资者说话上的时间越长，这些潜在投资者就越愿意把钱交给他进行投资。

抓住问题的核心

通过向潜在投资者提出最能打动他们心灵的问题，这位来自威斯康星州的财务顾问在佛罗里达州打出了一片新天地，因为他找到了一条与客户进行连接和建立关系的道路，并因此取得了很高的会见成功率——平均下来，他会见的

100个人中，有90个人最终会把钱交给他打理！我问他，是什么原因帮助他取得了如此高的成功率？他想了一下，认真地告诉我："玛丽贝丝，我的座右铭就是，当她哭了时，她才会购买我的服务。"什么？我简直无法相信，这太不靠谱了！看到我难以置信的表情，他跟我娓娓道来。

在发现潜在客户的关键问题和财务状况的过程中，他会问一些很贴近绝大多数人内心的问题，比如有关他们的孩子或受益人的问题。他会针对每一个孩子问很多问题：他们怎么打理金钱，他们在哪儿上大学，以及他们是否有自己的孩子等。他询问潜在客户每个孩子的性格特质，并且在很短时间内就能了解到客户家庭的全部情况。很多次，这些潜在客户在谈论自己的家庭时会泪流满面（是真的,有一次我跟他一块会见了一位客户,亲眼看到了客户流泪的场面）。他说，如果他抓到了事情的核心，如果他能准确地理解对客户而言最重要的是什么，生意就根本不需要去费力争取——它们会自动完成。

事实上，这位财务顾问极少谈论他负责销售的理财产品。他只是弄明白对客户而言最重要的问题是什么，以及真诚地跟他们讨论财务解决方案后，就离开会议室，请理财产品专家进来给客户详细讲解适合他们的具体理财产品。他无需推销任何产品，因为他说："一旦他们的情感被激发，并且告诉了我他们真正面临的问题是什么，生意基本上就完成了。"因为从一开始，客户对他的信任就已经建立了，而且当客户与他们进行第一次交易后，他们就再也不想去找其他财务公司了。

激情四射的商人

通常情况下，是商人身上那种洞穿一切的激情，使我们对他们的产品或服务丧失抵抗力，并激发起我们采取行动的强烈欲望。你是否向客户传达了这种无法抗拒的激情，以使他们毫不迟疑地购买你的产品，或加入到你的事业中来呢？

THE 连接者测试 CONNECTORS

"让生意自动完成"能力评估

1. 销售时，我花在倾听和提问上的时间比我自己主动谈论的时间多。
   总是　　经常　　有时　　从不
2. 我从不谈论竞争情况，也不会将我自己与竞争对手进行比较。
   总是　　经常　　有时　　从不
3. 我提供给客户的是他们已经有购买欲望的产品或服务。
   总是　　经常　　有时　　从不
4. 在跟客户见面之前，我会进行一些调查搜索工作，这样我就能问一些"楔入式"问题。
   总是　　经常　　有时　　从不
5. 我问"能打动对方心灵的问题"。
   总是　　经常　　有时　　从不
6. 在销售过程中，我亲自采取产品或服务，而不是靠嘴皮子功夫来说服潜在客户。
   总是　　经常　　有时　　从不
7. 在销售过程中，我会营造一种情感上的氛围。
   总是　　经常　　有时　　从不
8. 为了完成交易，我运用战略性方法，而不是采取强迫客户接受的雕虫小技。
   总是　　经常　　有时　　从不
9. 我真的了解我的客户。
   总是　　经常　　有时　　从不
10. 我让客户自己得出结论。
   总是　　经常　　有时　　从不

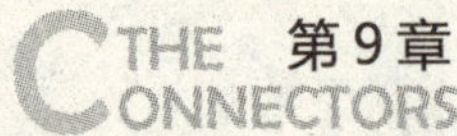

特质5：创设难忘的客户体验
让自己与众不同

连接者公式中的最后一个连接者特质与你给他人创设的体验有关。归根结底，这取决于你给予对方的是什么。

体验是指以一种超乎预期的个性化方式吸引别人的某种东西。举例来说，我们去一家很好的餐厅用餐，或住在一家非常舒适的酒店里，当我们离开时我们可能会说："哇！这里的东西太好吃了！服务也没得说！"如果你真的说了"哇"这个字，那么你很可能已经获得了一种与在其他餐厅或酒店不一样的体验。

当然，并不是说只有参与重大事件或参加大型聚会才能产生体验。体验实际上是交流和沟通（不论是一对一的面谈，还是一系列交流）的产物，是连接和关系的副产品。具体来说，在与他人进行交流过程中所传达的全部情感就是我们这里所谓的"体验"。这种情感越令人难以忘怀，它所具有的威力就越大。

当你的客户离开你的办公室或接完你的电话后，他们会用"哇"来评价你吗（当然是指客户以一种积极的态度）？

硬石酒店的难忘体验

如果你是一个音乐爱好者，并且曾经去过任何一家硬石酒店（Hard Rock Hotel），那么你对这儿的印象可能非常深刻。一踏入酒店，你马上就会意识到，这家酒店与其他你去过或了解的酒店不一样。背景音乐开到最大音量，灯光暗到你无法看清四周，墙上到处挂着摇滚歌星的照片和壁画。当你办理入住手续时，你可能会觉得这跟其他酒店没什么两样，但是登记入住后，你除了拿到一把钥匙外，还会得到一张刻有各种流行音乐的CD，可以在房间里的CD机上播放。CD封面上印着英国前卫摇滚乐队ELP乐队一首流行歌曲的歌词："朋友们，欢迎回到这个永不终止的演出中，快进来，快进来。"然后在房间里，当你拿起迷你酒吧柜的钥匙时，就会发现上面写着："白色瓶子，红色瓶子。"你应该有点印象，这是艺术家比利·乔尔（Billy Joel）的一首脍炙人口的歌曲中的一句歌词。当你进入浴室，一张印着"我还没找到我要找的东西"的海报就会出现在你眼前。如果你是音乐发烧友，就肯定不会对这句出自U2乐队的一首流行歌曲的歌词感到陌生。它告诉你在你忘了带牙膏、牙刷或其他生活必需品时，如何在酒店的"勿忘我壁橱"里找到替用品。

虽然事实上，这家酒店的核心服务与其他任何四星级酒店没有什么本质区别，比如他们都提供舒适的床铺、豪华的枕头和女佣服务。但是没人能否认硬石酒店给客户带来了非常特别的体验。最后，当你付账离开酒店时，他们会给你一张退房表，上面印着老鹰乐队《加州旅馆》中的一句歌词："你可以随时结账，但是永远也别想离开。"毫不夸张地说，从你踏入酒店那一刻开始，到你退房离开的整个过程中，你在硬石酒店获得的体验是其他酒店无法提供的，这种体验让你回味无穷。

给人们留下一点谈资

下面继续我们以歌曲为主题的旅程。邦妮·雷特（Bonnie Raitt）在歌曲

《说点什么》(*Something to Talk About*)里，唱到人们无时无刻不在谈论，因此投其所好真的给他们留下点谈资吧。然而在商业中，你可能从没有成为别人谈论的对象，因为你提供的产品或服务是那么平淡无奇，没有给人们带来任何独特或不一般的感觉。当然，这可不是一件值得庆贺的事情！客户们是否想记住跟你做生意的体验呢？是什么将你与竞争对手区别开来，并且将他们远远甩在后面？你是否已经给别人提供了一些可谈之资？通常，那些小小的惊奇最能令人津津乐道并且记忆犹新。比如，当你在杂货店买完东西结账时，如果收银员心血来潮或毫无来由地给你打了10%的折扣，或者店老板走过来向你的篮子里放了些免费的小商品，这些小小的举动能在你们之间建立连接，且让你对对方产生极大的好感，就好像你刚刚认识了一个新朋友，而他留给你一个难忘的体验值得你时时谈论。体验通常来自于你不花费一分一毫而得到一份礼物或诸如此类的东西。即使是富人，这些免费的小礼物也能让他们产生成就感或胜利感。

都是“礼物”惹的“祸”

我最喜欢的餐馆是纽约的谢来喜酒馆（Gramercy Tavern），它已经连续多次入选查格指南（Zagat®）评选的纽约最好的前十名餐馆，并且数度被评为第一名。我常与我的家人、朋友和商业合作伙伴分享自己在谢来喜酒馆用餐的体验，甚至还在给商业人士的演讲中多次拿它来定义“体验”。在给他人讲述这家酒馆的过程中，我意识到，我讲的都是谢来喜酒馆独一无二的特色，这些特色都是超出你的想象和预期的，也是你在其他餐馆体验不到的。

下面是谢来喜酒馆与其他优秀餐馆的一些共同之处，也是我不会跟别人谈论的地方：

- 菜品无与伦比：这跟大多数入选《查格餐馆指南》的餐馆类似，并且价格也会不高得离谱。

- 厨师把菜单设计的像一件艺术品，里面的菜品随着一年四季而变化，而且菜单上常常出现最新菜品和节日特色菜品。这也是餐馆的通常做法，并且对一个提供高档餐饮的餐馆来说，这的确算不上什么特色。
- 这里非常受欢迎，常常客满。如果想来这里用餐，你得提前预订，因为每个在纽约的人似乎都想来这里品尝一番，而且很多人甚至会提前一个月预订位子。与此同时，许多纽约其他的一流餐厅也需要提前预订，并且不向没有预订的客户开放。

上述三点都被认为是一家一流的餐馆理所当然应当具备的特质，它们并不独特，也不会给人新奇的印象。然而，谢来喜酒馆在此之外的确有些与众不同的地方，而这些与众不同的地方也正是我经常跟别人谈论的：

- 服务生总是时刻准备向用餐者提供服务，一切都有条不紊地进行着，并且一点不张扬。谢来喜酒馆从不会打断用餐者的谈话，也从不会让你产生必须赶快离开的想法。我曾待在那里长达三个小时，仅仅是吃饭和聊天。虽然那里有 5 ～ 6 位随时待命为用餐者提供服务的服务生，但他们不会总在你眼前晃来晃去。如果你需要什么东西，你只需要抬起头，就有服务生过来询问有什么可以帮到你的。如果你想感受什么是超一流的服务，那么就来谢来喜酒馆体验一番吧。
- 餐馆里的气氛总是非常活跃且能量四射。在谢来喜酒馆，你会感到这里跟其他地方是那么的不一样，就好像你身处在一个人人都满心欢喜的特殊地方。这里到处都是欢声笑语，但你依然能够享受与同桌人私密谈话的空间和自由，而不用担心有人打扰。我自己就经常看到美国脱口秀节目主持人大卫·莱特曼（David Letterman）及其他社会名流在谢来喜用餐。这是一个令人兴奋和愉悦的地方。
- 当你用餐完毕准备离开的时候，就会有服务生走过来，手里拿着送给你的小礼品——一个装在透明玻璃纸袋里的用漂亮长丝带扎紧的曼越橘松饼。服务生一边递到你手里一边微笑着说：“这是送给您的明天的早餐。”在谢来喜提供的一切高质量的服务中，我首先会跟他人分享这个小细节。因为这份礼物是你在付完款后收到的，它是完全免费的！给我的礼物？我第一次去那里吃饭收到这份小礼物时很吃惊，还以为餐馆只是向第一次光临的客户赠送免费松饼呢（因为新客户通常都比较天真，容易被感动）。但是

> 我错了。后来我每次去都会享受到一个免费松饼。第二天早上我总是会好好享用这个谢来喜松饼，然后不自觉地就回想起了前一天晚上在谢来喜用餐时的美好时光。谢来喜当然不是做松饼生意的，他们向客户提供的是真正的难忘体验。

谢来喜酒馆隶属于联合广场酒店集团（The Union Square Hospitality Group）。联合广场酒店集团由丹尼·迈耶（Danny Meyer）创办，该集团在纽约地区拥有 11 家广受赞誉的特色餐厅。在餐饮业要想持续保持高水平的菜品和服务是一项巨大的挑战，那么，联合广场酒店集团是如何打破魔咒持续上演神话的？读完迈耶的著作《布置好餐桌》（*Setting the Table*）后，你就会恍然大悟：给客户提供与众不同的体验是迈耶孜孜不倦的追求和长期取胜的终极法宝。

迈耶在餐饮业奉行的是“开明的待客之道”。这种哲学强调用一种全新和反直觉的方式发挥服务的力量：首先是为你工作的员工，然后按照重要性从高到低排列，依次是客人、社区、供应商和投资者。这种优先次序的排列是反传统的，在餐饮业和其他很多行业都是没有先例的，但是迈耶认为，这正是他和他的餐馆之所以取得成功的基石。事实上，不论你做什么生意，不论你掌握了什么技能，不论你在什么领域有突出表现，都不要认为人们谈论的只是你所从事的核心业务。人们总是在寻找一些有谈论价值且超乎预期的事情。现在请你好好考虑一下，你目前提供的产品或服务中，有哪些方面或环节值得被人们谈论呢？

THE CONNECTORS 连接者测试

你的生意有何与众不同？

1. ____________________
2. ____________________
3. ____________________
4. ____________________
5. ____________________

能量交换创造体验

据说一个人85%的成功和快乐，都源于他的人脉关系网和与其他人进行的交流活动。别人对你的反应越积极，你越能轻松获得自己想要的东西，这就是你给他人创造体验所带来的天然副产品。如果你得知自己将要会见的是一位非常富有的企业家，而这位企业家话很少，并且对自己的成功看得非常淡然，你可能会认为他具有非凡的魅力。但是如果没有人告诉你这些，你在她面前的举止可能会跟你了解情况后完全不一样。魅力最重要的一点是它建立在看法或见解，即人们已经得出的结论或愿意相信的结论基础上。例如，当你对别人大加赞赏另一个人时，对方很容易认为被谈论对象具有极强的魅力。而且，你还得明白，如果你相信你将要会见的是一位非常杰出和重要的人物，那么那个人在你面前将拥有极大的魅力。

因此，魅力——就大部分来说，主要起始于旁观者的头脑中（正所谓情人眼里出西施）。但是你给予他人的能量却不是一种缥缈的看法，而是实实在在的东西。某种意义上，每个人都是一块活生生的磁铁，总是在不断地释放和吸收能量波。这种能量会因为充盈着激情而得到强化。如果你对某事某物抱有极大的激情，其他人就会认为这肯定是值得用激情对待的事物，这样他们就会开始留意它。

我经常听人们说，某个人具有磁铁一样的性格，根据我对成功商业人士的观察，这种超凡的磁力是真实存在的，但关键是这种磁力从何而来？我们可以毫不夸张地说，你为其他人所做的事情是你吸引他们的能量来源。如果你拥有权力、金钱或是名誉，你可能会向其他人提供某些途径，以帮助他们获得他们所需要的东西。但比这些更重要的是，你给他们的是一种什么样的感觉，这种感觉才是磁性产生的根源。

许多非常成功的商业人士本身能释放大量能量，并且本质上这些能量也是向他人释放的。在我们追求成功的过程中，我们不断释放能量和激情，而我们的能量和激情能鼓舞和启发他人，受到我们感染的人们会以不同的方式响应你。

比如，他们可能会从你那里购买产品或服务，他们可能成为你忠实的追随者，或者他们可能会在跟其他人的交谈过程中时常谈起你。但是请记住，只有你自己首先被激发出能量和热情，才能真正对你周围的人产生影响。

以客户为中心

如果你能让客户感受到发自内心的愉悦，那么恭喜你，你已经给客户创造了一种难以忘怀的体验。现在，请你静下心来，想想发生在你自己身上的购物经历。你最近一次在买东西时被打动是在什么时候？为什么那次购物经历让你感到开心？可能的情况是，如果你的某次购物经历让你感到内心无比快乐，那么你的快乐不仅仅来源于你所购买的产品本身，而且还来自于你的整个购物过程。你也应该有这种体验，就是如果我们对某次购物体验非常满意，我们就会不自觉地利用一切机会向我们周围的人宣讲。当一位销售人员特地长途跋涉来帮助我们时，当我们感到物超所值时，当我们享受到高规格的接待让我们感到自己是对方最重要的客户时，当我们对自己完成的一桩非常划算的买卖而沾沾自喜时，我们就会到处喋喋不休地把这种体验说出来。

在跟大大小小的公司打交道的过程中，我们发现，这些公司所创造的体验经常会随着使客户满意的细节清楚显现。客户都希望跟你做生意的时候开开心心，而你也希望他们能收获一个好心情。可是，许多公司会将关注的重心放在收入、盈利能力、运营效率、组织结构、产品或服务开发及定价策略上。确实，这无可非议，但是，如果这些公司能同时以客户为中心，他们会享受到更多的成功。最近来自埃森哲咨询公司的研究证明了这一点。

《2008 年埃森哲客户满意度调查》突出了在当前全球经济形势下，以客户为中心的服务体验的重要性。根据对分布在澳大利亚、巴西、加拿大、中国、法国、德国、印度、英国及美国的 4 189 位客户的调查反馈，对获得和保留能帮助你获得利润的客户关系而言，“让客户感受到你对他们的关注”比其他任何因素都更重要。这份调查报告揭示了供应商在了解和满足客户各自不同的偏好和期望上的表现，这些对于客户是否继续进行合作具有举足轻重的影响。

这份调查报告写道："事实上，参与调查的客户将他们所获得的体验质量列为他们选择供应商的首要原因——甚至比从其他供应商处获得一个更好的报价还重要，尽管在很多市场中，客户面临着较大的经济不确定性。"很明显，我们处于一个客户是上帝的时代，这一点比以往任何时候都更明显。凯捷安永咨询公司（Cap Gemini Ernst and Young）把上述观点总结为："消费者不会单单因为报价不同而将零售商区别开来。"真正能让供应商产生差异化的，是客户在他们那里得到的体验。

深厚的兴趣最重要

20世纪90年代初，我曾为NBA篮球队之一的华盛顿子弹队（Washington Bullets），也就是现在的华盛顿奇才队（Washington Wizards）工作过。那时该队雇用了40名售票员，他们专门负责销售球队的比赛门票。因为子弹队当时没有NBA的顶级球员，所以他们不得不想方设法兜售门票。而与此同时，在美国中部，售票窗口可能只坐着一个售票员，他不断地接到球迷们要求购票的电话，但每次他都不得不说："抱歉，票都卖光了。"而在售票点外面，等待买票的人已经排起了长长的队伍。球迷们如此热情，只为一睹迈克尔·乔丹的风采，体验芝加哥公牛队在赛场上的激情。

我经常问我的客户下面这个问题："你是在一个劲儿地想办法推销你的产品，还是说人们已经对你的产品抱有浓厚的兴趣？"如果你能给客户创造难忘的体验，人们自然会排着队跟你做生意。但是今天，优秀的服务已经不能满足客户的需求了。事实上，人们期望的是高质量的服务，且服务过程中的体验以及服务本身对他们而言并不是全部的体验。经常听到一些商业人士跟我抱怨说，他们不理解为什么他们没办法获得更多的推荐人。他们的客户都心满意足，他们提供的服务永远是第一流的，且他们总是给予客户他们想要的东西。但也仅限于此！如果你只是向客户提供他们想要的东西，这不是一种体验。你得让他们拥有强烈的意愿想要买你拥有的东西！

滑稽的帽子

当你发现自己在做一些不经常做的事情时，表明体验已经发生了。我出生在威斯康星州，并且在那里长大，是绿湾包装工橄榄球队（Green Bay Packer）的忠实粉丝。你可能已经注意到，许多包装工球队的粉丝头上会戴着一顶奶酪型状的塑料泡沫帽子。你可能会问，是什么让这些智力正常的人戴上那么滑稽的帽子？并且还是在大庭广众之下？甚至以登上电视面对数百万民众为荣？

这种现象之所以会发生，是因为戴上这顶滑稽的奶酪帽子后，我们会产生一种与众不同的深刻体验。这种体验就好比你的客户特意千里迢迢来帮助你，按你希望的方式给你业务，或者寄给你一封感谢信的时候，你内心产生的那种特殊体验——这种体验在其他情况下是无法产生的。太多的人只考虑自己和自己的生活，如果对方能为我们考虑一点点，我们肯定会产生一种刻骨铭心的体验。

绿湾包装工球队的球迷深爱着这支球队，多年来不论球队输球还是赢球，他们都一如既往地以相同的方式支持着球队，不离不弃。绿湾包装工队球迷总是对在现场观看包装工队在主场兰堡球场（Lambeau Field）上的每一场比赛抱有极为强烈的渴望，他们希望成为“大家庭”中的一页。每次比赛之前，他们都会组织备有大量香肠、啤酒和奶酪的停车场野餐聚会（组织聚会的必要性是不容讨论的），聚会上的球迷穿戴着各式奶酪造型装饰和其他独特的狩猎服装。他们以这种方式毫不吝啬地展现着自己身为球队球迷和威斯康星州人的自豪。人们出现在比赛现场，为他们深爱的球队呐喊助威，希望球队获胜，并充分享受比赛的乐趣。当然，在没有比赛的时候，他们也一样会出现在与球队有关的一切活动中。当球队在比赛中的成绩跌到历史最低点的时候，他们依然不言放弃，准时出现在比赛看台上。他们之所以风雨无阻，是为了与志趣相投的人进行连接，并体验球队获胜的激动。对每一个绿湾包装工球队的球迷来说，观看及全身心投入到兰堡球场上的每一场比赛中都是一种无与伦比的体验。

个人也能创造品牌体验

跟绿湾包装工球队一样，对任何想要持续发展的品牌来说，让客户对品牌产生一种情感的依赖是必需的，但很多商业人士并没有意识到自己本身也是一个独一无二的“品牌”。我并不是说我们应该立即将自己的照片贴到大幅广告牌上，或者进行其他大规模的广告宣传或品牌推广活动，能与别人建立更高层次关系的人们，只需通过日常生活和工作就能给别人创造难忘的形象，这种难忘的形象伴随着个人所独有的气息和感觉，正如产品或服务品牌给消费者带来的感觉一样。他们能给所有跟他们接触的人留下某种东西——一段美好的记忆、一个独特的想法或是一种有效的连接。更重要的是，某些最成功的连接者对自己个人的品牌形象建设拥有绝对的控制权，否则其他人就能按自己的想法去定义他们。要想在其他人面前成功地树立个人的品牌形象，或给他人留下难以磨灭的个人形象，你必须认真考虑如何在你周围的人群中创造真正的体验。

我听说美国某地区有位房地产经纪人，他对该地区的房产交易信息非常关注，总是在第一时间积极应对。虽然他也有很多竞争者，并且他们收取的佣金也跟他差不多，但他仍然是该地区的住户在准备出售房屋时首先会联系的房地产经纪人。

他怎么会有这么大的吸引力？当然啦，他也会做其他任何房地产经纪人会做的活动，比如打广告做宣传，随时欢迎别人上门咨询，以及带领有意向的客户看房等。但是，这些并不是将他与其他同行区别开来的因素。与其他竞争者不同，他并不只是在人们想买卖房子的时候才现身。相反，他通过很多方式来提高自己在本地区的曝光率。每年春天，该地区每户人家都会收到他送的一棵小树，让户主们可以种植在自家院子里。到了十月份，附着小卡片的南瓜又会放在每家每户的门廊前。在仲夏当地独立纪念日的时候，他总是开着独具特色的消防车，满载着邻居家的小孩们，跑在游行队伍的最前头。

每年，他在曝光率和个人品牌形象建设方面的投资给他带来了丰厚的回报。他成为该地区的首席房地产经纪人，因为他做到了他的竞争者们都没有做到的事情——不断地给别人创造独一无二的体验。

体验时代

我们所处的是一个崭新的时代。200 多年前，我们从农业时代进入工业时代，然后紧接着跨入信息时代。今天，根据作家约瑟夫·派恩（B. Joseph Pine II）和詹姆斯·吉尔摩（James H.Gilmore）的说法，信息时代已经被体验时代所取代。

在派恩和吉尔摩的著作《体验经济》（*The Experience Economy*）一书中，他们提出了一个警告："那些甘愿自我降低，提供市场正在不断萎缩的产品或服务的公司将被最终淘汰出局。为了避免这种下场，你必须学会给别人提供丰富且引人入胜的体验。"

因此，真正能让你从竞争中脱颖而出、让你的客户开心、获得领先的评级以及保护你的客户基础的，是为你的客户创造一种独特的体验。你肯定不想让自己提供的产品或服务变成一件商品（尽管以服务为基础的行业在今天也变得越来越商品化），因为商品是那些能够轻易被交换或被代替的东西——他们彼此之间没有差异性，其价格仅仅取决于市场需求。

与他人相比，你的产品或服务的差异性在哪里？这个差异性很可能就是你自己！你才是给客户带来真正体验的来源。我们有能力改变客户对我们的感觉，并创造能使客户源源不断再回来找我们的难忘体验。现在，请你回想几个你曾经经历过的难忘体验。这些体验类似于你在一家主题公园游玩，或在一家独具特色的饭馆用餐，甚至是你打算这么做的设想到的感觉。这些相关的公司非常仔细和认真地设计每一个环节，希望给客户带来耳目一新的体验。

以书店为例，曾经有很长一段时间，所有的书店陈设无一例外都是塞满书籍的书架和一个收银台，要多单调有多单调。你走进店里，挨个书架找到自己想要的书，再到收银台付款，然后抬脚走人，这几乎跟售卖商品的公司没什么两样。现在可不是这样子了！今天，很多书店会摆放非常舒适的椅子或沙发，你可以坐下来慢慢品读喜欢的书籍，惬意地享受心灵之旅。你会发现书店还向客户提供种类繁多的杂志、报纸，甚至还会开辟一个二手书专区，你可以很便利地在此淘点旧书，或者把自己不要的书拿过来摆卖。当然，除此之外，书店还往往有休息区，你可以在此享受品种繁多的咖啡产品或软饮料、百吉圈、甜甜圈、三明治和曲奇饼干等。现在的书店已经从单纯卖书的场所转变为一个客户可以进行社交的好去处。

最近我去逛一家大型连锁书店时，发现这家书店提供的服务和产品远远多过我刚才提及的那些种类：礼物、贺卡、拼图、玩具、文具、日历、音乐CD及包装精美的巧克力，应有尽有。而对那些想在书店看会儿书但是把眼镜忘在家里的客户，书店也贴心地准备了眼镜——没错，你猜对了，是老花镜，客户只需购买一副老花镜就可以随心所欲地看书了。

在那家书店闲逛的时候，店员给了我一份书店最新简讯以及一份会员申请表。该店的一位管理层在与我攀谈的过程中告诉我，他们仅巧克力一项的销售额，每年就能达到1 500万美元；并且在咖啡销量上，他们只比最大的咖啡外卖店稍微差一些。置身于这家书店，你会感受到每一本书、每一件物品向你发出的真诚邀请："进来坐坐，给自己一个放松的空间，开启一段心灵的旅程吧。"待在这里已经不仅仅是买几本书的事情，它已经转化为一种非常美妙的体验。

如何给你的客户创造体验

给客户创造一种带有你自己特色的体验，是一件需要多动脑子思考的事情。下面我会举几个例子，与你分享一些心得。比如，我有一位客户非常关注健康，他希望身边的每一个人都能更健康、更积极地生活。基于这个理念，他将与健康相关的食品、录像、书籍、宣传画和培训跟他的业务（他的业务可完全跟健康不搭界）巧妙地结合起来。通过这种组合，他向客户提供了一种非常贴心的体验——以客户全身心健康为出发点的全套健康生活规划，这种体验能让他和客户建立更深入地关系。

再来看看另外一位客户的做法。他会在最终完成客户的委托后，向客户提供一些印有他办公室照片的明信片。客户可以在明信片上写上朋友或同事的地址，然后由我的客户将这些明信片寄出。这跟我们去外地度假有点类似：每到一个景点就想跟你的朋友们分享旅程的快乐点滴，所以你会买印有当地景点的明信片寄给他们。当然，除了明信片，你还可以在徽章或T恤上印上你公司的名字，并将公司能给客户带来的体验浓缩成几个单词或一句话，然后与公司名字一起印到徽章或T恤上。

而另一位客户推出了“体验人生乐趣”计划，以帮助客户“攀登到高山之巅”。我们都有这种体会，当我们站在山顶俯瞰时，会有整个世界尽在自己手中的感觉。基于这种奇妙的心理感觉，他以世界上各个地区的景色或特点来装饰公司总部的每一间办公室和会议室，让每一个房间都具有不同的城市身份。比如有一间办公室的墙上绘满了伦敦的街景，而另一间则完全是华盛顿特区的景象。他不无得意地说，即使不是为了业务目的，人们也会时不时地带着朋友们来办公室参观公司的独特装饰。真是妙极了！难道你还能想出比这个办法更能吸引新客户，进而带来新业务的方法吗？

体验的伟大之处就在于：产生积极体验的人们总是想与其他人分享这个体验。同时要铭记在心的是：你的客户会为这些体验额外付出更多的费用——这意味着你今后会从每个客户那里获取更多的收入，留住老客户，并以更低的成本获得更多的新客户。

不仅是提供产品

温迪汉堡是世界上最好吃的汉堡包吗？还是有其他因素促使我们再三光顾、欲罢不能？

1932 年，他出生于新泽西州的亚特兰大市，但至死都不知道自己的生身父母是谁。一对来自黎巴嫩的夫妇收养了他，并将他养大成人。12 岁那年，他找到了人生第一份工作，但不久之后就被炒了鱿鱼。15 岁时他便辍学，开始在一家餐馆当勤杂工。1950 年朝鲜战争爆发后，他应征入伍，并于 1953 年光荣退役，之后他在肯德基餐厅找到了一份工作。

此时他已经 21 岁了，他的生活中几乎没有任何迹象显示他今后会做出惊天动地的大事来，但是机会来了。自从他直接为肯德基的创始人哈兰·山德士上校工作后，他的才华就显现出来了。凭借出色的工作表现，不久之后他就取得了几家肯德基餐厅的特许经营权。但是他从孩提时代就有一个梦想，那就是拥有一家属于自己的汉堡包餐厅。因此后来他卖掉了那几家肯德基餐厅，开始追寻自己的梦想。

1969 年，这位已经 37 岁且高中没毕业的退伍老兵，在俄亥俄州哥伦布市创立了自己的第一家餐厅，他以自己八岁女儿的小名来命名这家餐厅。说到这儿，你应该猜出来了，没错，就是温迪！剩下的故事我想你们都知道了。

我们刚才谈论的主人公就是戴夫·托马斯。他亲自为自己的汉堡包连锁快餐店做了 13 年的广告。这种长期的广告宣传使他成为整个国家最为人所知的代言人。他务实的作风和健康的形象深受人们喜爱。他与人们建立了很好的关系，因为他看起来与普通人没什么两样。他说：“从一开始，我就不觉得自己有什么特别的地方。不论我的人生取得了多大成就，每次我照镜子的时候，我发现自己仍然是原来那个汉堡包厨师。”

托马斯总是通过各种方式与消费者进行连接和沟通，甚至电视也成为他的得力工具。就这样，人们记住了他，也记住了他的汉堡包连锁快餐店。消费者来过第一次后就还想光临第二次、第三次，甚至更多。可以说，尽管我们的生活中充满了无数的产品代言人，但是很少有几个代言人能像托马斯那样与人们进行有效的沟通。他的秘密工具就是为客户创造体验，并且让客户内心产生这个想法——“他家的汉堡包正是我愿意购买的汉堡包！”

展现真实的自我

我们与某些人进行连接和沟通的原因只有一个，那就是他们看起来跟我们有相似的人生。他们并不盛气凌人或高高在上，他们也经历过人生低谷，身上也或多或少存在着这样或那样的缺点，我们面临的各种问题和情况他们也会遇到，而这些才是吸引我们与他们进行交往的原因。最终取得成功的弱势者不会因成功而自满，他们仍然保持以往的态度和作风，这赢得了我们的好感，因此我们乐意与这种人保持联系。某种程度上，关系必须包含情感，这种情感会促使我们做一些在没有这种情感时我们不会做的事情。

不断地创造体验

尽管商业专家对温迪老式汉堡餐厅所取得的巨大成功有各种各样的解释和分析，但对托马斯而言，全部成功皆拜客户所赐。“如果我们每天都关心客户，而且做得比他们期望的还好，我们就会收获他们的忠诚。只有我们拥有了他们的忠诚，他们才会再次光临我们的餐厅。”他说的一点儿也不错。

但是戴夫·托马斯的成功远不止建立了世界上第三大快餐连锁店，在充分享受成功乐趣的同时，他从来没有忘记自己因为被收养才得以长大成人的事实，因此他立志要多帮助那些急需得到人们关心的孩子们。

2002 年，托马斯因罹患癌症而去世，但是他的基金会在他去世后继续着他的未竟事业。每年他的基金会都会组织一次全国收养日活动，而在 2008 年收养日当天，就有超过 4 000 名孤儿被正式领养。在他去世之后，托马斯仍然能继续在无数个被领养的孤儿生活中留下难以磨灭的印迹，因为正是托马斯的追求和努力才使得这些孤儿被有爱心的人们收养，从而健康、快乐地成长。这就是托马斯在去世后仍然为他人创造难忘体验的最好例子。

你送给别人的是什么“礼物”

如果我们专注于为我们接触到的人们留下难忘的印象或影响，专注于对我们自身和我们的公司提出恰如其分的评价，那么毫无疑问，我们与他人之间的关系就会更容易建立，推荐人会来得更快，业务也会像流水一样涌进你的办公室。

请做一下下面这个测试，看看你在给别人创造体验上面表现如何。

THE CONNECTORS 连接者测试

业务的独特之处

请列出 5 个有关于你公司独一无二的特点，看看人们是否会经常谈论这些特色呢？

1. ____________________
2. ____________________
3. ____________________

4. ____

5. ____

听听别人的看法

判断你是否给他人创造了难忘体验的试金石就是向有关人士进行调查，听听他们的看法。列一个顾问团名单，成员可以包括客户、同事和员工，然后从他们口中了解他们对你正在创造的体验有什么反馈。你可以安排一个晚上，邀请他们加入你的调研，请他们帮忙诊断一下你的公司运行状况。为了激发被调研者就你提供的体验进行有意义的讨论，你可以尝试向他们提出下面这些具有代表性的问题：

1. “你为什么选择跟这家公司做生意？”
2. “你为什么会继续选择跟这家公司保持业务关系？”
3. “你为什么愿意介绍其他人跟这家公司做生意？”
4. “你期望从这家公司获得什么？”
5. “是什么让你感到内心愉悦？”（为了就这个问题获取更多信息，你也可以这样发问：“你曾经在跟其他公司打交道的过程中，有过内心愉悦的感觉吗？对方是怎么做到这一点的？”）
6. “你对这个行业的看法是什么？”
7. “为什么有些人聘请了跟我们类似的公司？”
8. “为什么有些人不会聘请我们公司？”
9. “你觉得我们还应该在哪些领域寻找与公司创办宗旨一致的其他目标客户？”
10. “是否存在我们应当予以关注的其他目标市场？”

11. “为了获得更多目标客户，我们是否应该采取其他的营销活动呢？”

12. “你认为我们的回顾检查程序如何？我们应该如何予以改善？”

13. “你喜欢或者不喜欢我们办公室的什么方面？”

14. “我们如何才能从整体上提高服务质量？”

15. “你对我们办公室员工的素质有什么看法及反馈？”

16. “你认为什么研讨话题或活动比较有意义？”

17. “你喜欢我们的感恩客户活动吗？我们怎么样才能让这个活动更有效果？”

18. ……

THE CONNECTORS

第三部分

连接者五大特质的具体应用

HOW THE WORLD'S MOST SUCCESSFUL BUSINESSPEOPLE BUILD RELATIONSHIPS AND WIN CLIENTS FOR LIFE

第10章

赢取推荐人以助你一臂之力

关系是成功的试金石

如果你向客户提供有意义、值得购买的产品和服务，那么他们会将这个情况分享给其他人。这就是人性！但是怎么做才能持续获得别人的推荐呢？当我们把目光转向成功的连接者就会发现，他们之所以能持续不断地获得别人高质量的推荐，是因为他们能将关系发展到更深层次。是的，这就是全部原因。

然而，在赢取推荐的过程中，许多商业人士会将大量时间花在主动要求他人推荐上面。尽管主动索取推荐的确会产生效果，但是我们观察到的结果显示，在大多数情况下这个策略是无效的，即他人很可能对你的推荐要求无动于衷。这不是因为你一无是处或不值得被推荐，而是因为你和他人之间缺乏值得他们为你进行推荐的那层关系。所以，如果没有这层关系，不论你多么频繁地要求他们帮你推荐、宣传，都不会有所收获。

设想最糟糕的情况

不论好坏，我们在采取行动之前都应该认真设想一下我们竭力想避免的最糟糕的情形。当我们在考虑是否向别人推荐我们的一个朋友、同事或家庭成员时，会有意无意地思量一下可能产生的不好影响。我的推荐能帮到别人吗？这会损害我的形象吗？有什么事情会因我的推荐而变得糟糕？经过这番思量，只要有最轻微的迹象表明你的推荐可能在某方面带来不利后果，你就肯定不会进行这个推荐。

为什么我没有获得应得的推荐

大部分商人都不会否认这一点，即他们希望别人能更积极地评价他们，并获得更多推荐，当然，能拥有为数众多的狂热粉丝是最好不过的了。因此，在你反思为什么得不到其他人的推荐时，你必须要问自己如下几个问题：

1. 你是否花时间来发展与他人的关系？
2. 你是否有值得别人谈论的独特之处？
3. 你真的值得被推荐，或你能变得更具有推荐价值吗？

让我们对上述3个问题一一进行剖析。

问题1. 你是否花时间来发展与他人的关系

在本书第2章我们提到过，伊万·米斯纳博士是BNI的创办人，他总共写了11本关于建立人脉关系的书，包括他最畅销的著作《通过推荐来做生意》

（*Business by Referral*）以及《纽约时报》畅销书《真话还是哄骗》（*Truth or Delusion*）。米斯纳建立了他称之为VCP®的流程，来建立关系和赢得推荐。这是一种能启发心智、培养深刻洞察力的方式，能为你成功获得推荐机会提供行动蓝图。

VCP®具体流程如下：

第一阶段： 可见性（Visibility）。发展关系的第一阶段发生于你和其他个体开始相识的那一刻。这一阶段创造了彼此之间的识别和认知。你的可见性越强，你被了解得越广泛，你面临的机会也就会越多，被推荐人接受的可能性也就越大。必须积极地维护和发展可见性，否则你将无法进入下一个层次：可信性。

第二阶段： 可信性（credibility）。一旦你和刚认识的人对彼此形成了期望，且一旦这些期望开始得到满足，你们之间的关系就能进入可信性阶段。当期望实现的时候，可信性就会得到加强。除非对方知道你是谁（可见性）并认为你是一个讲信用的商人，否则他们不会向任何人推荐你。

第三阶段： 可获利性（Profitability）。一种成熟的关系是那些能带来收益的关系，在这种关系中，双方都会满意。如果彼此之间的关系不是双赢的，那么这种关系根本不可能持久。推荐关系中的可获利性不是通过讨价还价实现的，它只能通过日常的维系和感情的培养才能慢慢形成，因此耐心点，不要操之过急。

"这是一个按照时间顺序推进的过程，"米斯纳说，"你首先必须是可见的，即你是谁以及你从事什么工作。然后，你要建立自己的可信性，即你在你的领域内做得好吗？这需要时间慢慢积累和发展。只有在上述两个阶段满足的情况下，对方才愿意在交流、推荐的基础上与你形成互惠互利的关系。"如果你不顾这两个阶段的自身发展规律而急于求成，甚至采取拔苗助长的方式，那么这种速成的关系是不会持续下去的。按照米斯纳的说法："即使某人得到了很多人的高度评价，客户们也需要花时间来证实这种高度评价的真实性。"

确立可见性和可信性是在关系建立过程中实现的。这就解释了为什么在交流过程中，仅通过交换名片来建议对方跟你做生意的做法极少取得成功，因为这时你们之间还根本没有建立任何有意义的关系。

采取行动以建立客户关系

史密斯和琼斯公司（Smith & Jones）是一家位于马萨诸塞州斯特布里奇市（Sturbridge）的市场营销和广告公司，其客户遍布美国全境。该公司的联合创始人克莉丝蒂娜·蒂里（Christine Tieri）和琼·吉格尔（Jean Giguere）承认，当她们在创办这家公司时，根本就没有打算与客户建立长期关系，她们觉得关系能保持到手头的任务完成后就不错了，更没有期望这些客户关系能给她们带来新业务。"既有统计资料显示，新成立的公司很难迈过 1 年或 5 年的门槛，也就是说，大量新公司在成立 1 年或 5 年内都会倒闭，因此人们很难专注于建立长期的客户关系，但是很幸运，我们做到了这一点（已经成立 13 年了），"该公司的创意总监蒂里无比骄傲地说，"现在我们公司最大的两个客户也是跟我们合作时间最长的两个客户，这在广告行业是前所未闻的，因为在这个行业，客户更换广告代理商的速度可以跟潮流变换的速度相媲美。除了上述两个客户之外，我们还有许多其他客户也跟我们保持了多年的业务往来。"

在公司不断发展壮大的过程中，蒂里和吉格尔意识到，尽管她们没有刻意为之，但是公司之所以能取得今天的成绩，完全依赖于她们不断维系和培养关系，这就是她们的经营之道。这种对关系的维持和培养给她们带来了意想不到的结果：她们的客户非常乐意把她们推荐给别的公司，而如果她们直接要求客户把她们推荐给其他公司，这种策略肯定无法给她们带来像今天这么多的支持者和推荐人。赢得别人的推荐依赖于循序渐进的过程以及良好的经营哲学。

"我们总是秉持着强烈的回馈社区的意识。我们已经为一家公共福利机构服务了 8 年多。尽管我们为这家机构花费了大量金钱做宣传，但我们从未收取过 1 分钱。"公司的财务总监吉格尔说道，"这家机构的负责人深受社区民众的喜爱，而他也总是为我们大唱赞歌，比我所知道的其他人给予我们的评价都要高，结果就是，我们通过他的推荐获得了很多一流的业务。所以你看，我们与这家机构的关系给我们带来了许多潜在的收益，很多潜在的客户仅仅因为我们为这家机构和其魅力四射的领导人而对我们产生好感。"

下面这些通常做法和有效工具经常被蒂里和吉格尔拿来维系和发展能带来高质量推荐和平稳业务流的商业关系，并且屡试不爽。不可否认，蒂里和吉格尔具有出色的商业意识，但是她们的经营哲学，或是说从商之道，才是给她们带来丰厚回报的根本原因。

以下是史密斯和琼斯公司的商业箴言。

1. 将每一个商业关系看成是一段友谊。我们总是愿意与我们喜欢和信任的人做生意，因为这些人的商业操守和经营哲学是我们所欣赏的。我们发现，我们的客户和供应商也秉持相同的看法，因此我们将每一个商业关系作为友谊来对待，即在互相尊重的基础上找到双方的共同点。

2. 与客户分享你的目标。当我们与客户具有相同或相似的经营目标时，我们的商业关系会更进一层。通过我们的携手努力，我们的共同目标会比仅靠一方单打独斗更容易实现，并且在合作过程中，我们的长期关系会得到进一步加强，因为我们与客户之间具有共同的目标。

3. 与客户发展伙伴关系。我们从不把我们与客户之间的关系看成是“我们与他们”那样的关系。我们真心实意地将自己看成是客户的合作伙伴，像对待自己的业务一样对待他们的业务。我们承担起他们所面临的各式挑战，深入研究他们的行业，进而开始理解他们的真正需求。当我们这么做的时候，客户会认为我们能切身体会到他们现在所面临的困境，也会觉得我们在跟他们并肩战斗，共同实现目标。

4. 将生活中的道德标准应用于商业中。工作中，我们每天都面临着各式决策，其中大部分是与道德后果相关的。这些决策包括：控制成本、管理期望、处理错误或解决分歧。我们不会将生活方式和工作方式决然隔离，即我们不容许自己在生活中做守法讲道德的好公民，而在商业中行不光明之事。我们已经知道这个世界其实很小，各条道路最终将会在某一个地点交叉，而选择堂堂正正的那条路是最好的决策。

5. 伸出援助之手。这些年来，我们有几个同事曾经处于失业状态，他们或者继续寻找咨询类工作，或者创办了自己的公司，而不论他们如何选择，我们都尽自己所能来帮助他们，比如给他们提供广告标识、小宣传册或网站等。我们这么做是因为感谢他们过去的付出，以及他们对我们之间关系的重视，而不是为了获得他们的推荐承诺。尽管如此，每当他们此后获得了更好的发展，比如说找到更棒的工作，或者他们新的公司蓬勃发展时，他们几乎都会向我们提供新业务作为回报。

6. 积极参与社区活动。多年来，我们一直坚持服务于本地的各类社团组织，包括广告俱乐部、教育性基金、民权促进协会及商会。通过参与这些本地组织，鼓励员工加入到改善我们社区的活动中来，我们对外宣布了我们愿意与社区长期共存的承诺。

7. 回馈社会。尽管我们是一家营利性公司，但是我们通过为非营利组织提供免费服务的方式而参与到公益事业中来。事实上，我们一直积极参加“创意马拉松”（CreateAthon，网址：http://www.smithnjones.com/create.htm ）举办的年度 24 小时创意集中爆发活动，为众多当地非营利客户提供免费服务。我们这么做不是为了获得良好的公共关系，或期盼这些非营利组织今后能花钱来雇用我们。我们这么做是因为我们认可并信赖他们的事业，想通过这种方式来发挥我们个人和其他资源的力量来回馈社会。在提供这些免费服务的过程中，我们有幸结识了许多非常好的社区居民，他们不但会在午夜时给我们送来通心粉和奶酪，让我们有充足的能量通宵奋战，而且他们是那些我们愿意在社区活动中与之时常碰面并进行愉快交谈的人。我们钦佩他们为这些组织日复一日奉献出来的心血、汗水和眼泪。

问题 2. 你是否有值得别人谈论的独特之处

通过多年来对成功商业人士的研究，米斯纳形成了如下看法：所谓成功，就是对平常知识不平凡地运用。

不同寻常地运用平常知识是成功与否的差别所在，是关系的魅力来源，也是成功的关键要素。人们普遍认可的成功的主要因素，诸如激情、驱动力、努力工作、智力和良好的决策能力等在它面前都黯然失色，它也是为什么别人会谈论你和你的公司的关键所在。

米斯纳说："在商业中取得成功是件很简单的事情，但却并不容易做到。如果它很容易，那么每个人都能凭借它取得成功。但它的确很简单，以至人们经常寻找比它复杂得多的道路，或者我们可以说是人们把它想得过于复杂了。"

请记住这条真理：如果你的表现只是满足了客户的最小期望——换句话说，客户觉得你提供给他们的恰恰跟他们付出的成本价值相当，而没有多出一分一毫，那么此时你并没有提供给客户任何可供谈论的东西，客户也不会从中得到半分体验。但是如果你超越了他们的预期，他们就会觉得你和你的公司跟其他公司不太一样，因而他们就想与他人分享你所具有的独特之处。而不论何时，人们在商业中获得的体验极少有能超越他们预期的，所以如何超越客户的预期才是你要考虑的重中之重，一旦你做到了一点，你将获得不可估量的回报。

与你现有的客户保持良好沟通

美国中西部有位财务顾问在轻松获得客户推荐方面的经历让我们大开眼界。在从业的前8年时间里，他总共为客户管理着大约1 000万美元的投资资产。他80%的新客户来自于亲自开拓客户及营销活动，比如参加研讨会、给潜在客户直接发邮件、参加社交活动以及电话拜访等，另外20%则来自于他现有客户的推荐。

在从业后的第9年，他决定更频繁地与现有客户进行沟通联络。为此，他采取了一系列措施定期与现有的每一位客户进行连接，而这些行为的强度和目标跟他以往在寻找新客户过程中的强度和目标并无不同。

他所采用的客户营销系统包括下述几个策略：

- 定期通过电话和邮件与现有客户进行沟通和联络；
- 以客户为中心的研讨会和其他类似活动；
- 设立办公室开放日；
- 定期对服务进行回顾和总结；
- 持续进行客户感恩活动，包括向客户寄送卡片、信件、贺卡、礼物和组织社交活动等。

在采取上述客户沟通计划的随后 3 年内，他为客户管理的投资资产由 1 000 万美元猛增到 1 亿美元。在短短 3 年时间里获得如此迅猛的增长简直太不可思议了，而这种增长远远没有结束！到第 5 年年末，他管理的客户投资资产又翻了一番，达到创纪录的 2 亿美元！这种令人瞠目结舌的增长速度仅仅是因为他将现有客户营销巧妙地加入到了社交活动中，这么做的结果就是来自他现有客户的推荐出现了井喷式增长。

丹·理查兹（Dan Richards）在其著作《获取客户和保持客户》（*Getting Clients, Keeping Clients*）中，通过另外一个例子说明了针对现有客户进行营销的效果有多么棒，我们姑且称之为“11 倍原则”。在这个例子中，他介绍了 12 位想建立属于自己的客户和业务来源渠道的财务顾问。他们中的 6 位仅仅通过参加一般性研讨会、打广告、电话拜访陌生人和社交活动来开拓新业务。换句话说，他们关注的只是开拓新客户。另外 6 位则全部通过针对已有客户举办研讨会、向已有客户寄送公司简讯，以及在整体上与现有客户建立更高层次的关系来开拓业务。换句话说，他们关注于对现有客户进行营销。结果证明，后一组财务顾问的做法比前一组的做法整整有效 11 倍！想想看，你超出同行 11 倍的业务收入竟然仅仅来自于不断培养和深化现有的客户关系，这实在令人震撼不已。

愉悦的客户会成为你的布道者

如果客户发自内心地对你的产品或服务感到愉悦，那么他们就会成为你和公司的大力支持者。这群满意的信任者会成为你最强有力的营销力量，他们能帮你取得更多销售业绩，并增加你的曝光率和影响力。

在《C 行销》(*Creating Customer Evangelists*) 一书中，作者本·麦康奈尔 (Ben McConnell) 和杰基·休芭 (Jackie Huba) 通过介绍一些取得非凡成就的公司来讲述牢固的客户关系所具有的巨大能量。他们解释了这些一流企业，诸如西南航空公司、达拉斯小牛队、IBM 等是如何有效建立他们的客户基础并制订能让他们最忠实粉丝发挥作用的目标营销计划的，这些计划发挥了巨大能量。

通过不断深化客户关系，营利性组织创设了能对其产品或服务产生普遍支持和价值的社团。正如作者所展示的那样，《C 行销》关注于这种终极的营销方式——你如何能将普通客户转化成忠实客户，而忠实客户的特质就是他们会发自内心地为你的公司说好话。

很多一流公司在赢得忠实客户方面走在了世界前列，通过对其中一部分公司最佳做法的研究，麦康奈尔和休芭勾勒、解释了将普通客户转化成你的忠实客户的 6 种基本途径：

1. 持续不断地收集客户的反馈；
2. 重视免费分享知识；
3. 建立口碑人际关系网；
4. 创立社团：鼓励社团中的客户进行会面及交流；
5. 发明适合于小量交易的产品或服务：设计个性化的、规模更小的产品或服务，以满足客户的特殊要求；
6. 将你的公司或业务当作一项事业来追求：致力于让你所处的行业，甚至世界变得更好。

得罪客户的后果

愉悦的客户是忠诚的，他们愿意跟你一直合作下去，有时甚至是一辈子购买你的产品或服务，而不满意的客户不仅会投入到其他竞争对手的怀抱，而且还会到处宣扬他们对你的不满。更糟糕的是，大多数情况下，他们不会让你知道他们对你有什么不满。**事实上，平均而言，在对你不满的客户中，只有 1/10 的客户会向你抱怨，表达他们对你的产品或服务的不满，而另外 9/10 的客户会直接走人，而懒得告诉你他们不爽的原因。**

更要命的是，每个不满意的客户平均会向其他 5 个人发泄他们对你的不满。这就意味着，你每从客户处接到一个投诉，周围对你及你的公司产生负面印象的人就会多出 60 个，并且这 60 个人总是不停地谈论你有多么不好！我把这种现象称之为“60 人原则”。

在你竭尽全力追求人们对你及公司的良好口碑的时候，一个不满意的客户能给你的公司带来难以估量的损害。不要以为我是在危言耸听，看了下面这个故事你们就会明白我并非是夸大其词。有一天晚上，我的一位同事带着几个重要客户去城外的一家高级餐厅吃饭，但倒霉的是，那里的食物非常难吃，而且服务态度超级恶劣。最令人气愤的是，他们还没结束用餐的时候，餐厅经理就跑过来问他们是否介意挪到吧台上喝饮料，因为还有其他客户等着就餐！

事后，我的这位同事给餐厅老板写了一封长长的投诉信以表达他的极度不满。3 个月后，这家餐厅的老板才打来电话向他道歉，并且请他再给餐厅一次机会，也就是邀请他和他的妻子免费去餐厅再吃一次。我同事照做了，但是用餐完毕准备离开时，餐厅服务员递给他一张账单。他以为服务员搞错了，就跟他们解释说自己是受餐厅老板的邀请来免费用餐的，但是服务员告诉他，只有正餐是免费的，而开胃菜、饮料和甜点都是必须付费的！

至于这个故事的结局，我同事的原话是：“讽刺的是，大约一年后我们搬到了离那个餐厅更近的地方居住。每天当我在上下班路上经过那家餐厅时，我都不由自主地回想起我在那儿的糟糕体验。我的邻居们经常问我是否了解那家餐厅，每次我都会把我的故事讲给他们听，我估计现在讲了不下 75 遍，甚至 100 遍。而每次我讲完自己的遭遇，邻居们的反应都是‘天哪，多亏你告诉我们你的遭遇，我们差儿点犯下一个天大的错误’。”

或许这的确帮他们避免了一个很大的错误，但这个错误无论如何都无法与那家餐厅老板犯下的错误相提并论。在他有机会补救先前恶劣服务所造成的恶劣影响的时候，他把事情弄得更糟糕——仅仅是为了区区几美元。长远来看，他的这个错误很可能给他自己带来无法估量的损失。

对这位餐厅老板而言更不幸的是，我的那位同事现在已经成为一家拥有 2 500 名员工的公司主管，他经常在客户参加的研讨会上讲述这个故事，并且还是以指名道姓的方式！

美国质量管理协会（American Society for Quality Control）在一份“为什么公司会丢掉客户”的研究报告中警告说：“除非客户完全满意，即他们内心产生了积极的愉悦感并且愿意对他们收到的产品或服务给予好评，否则这会给公司带来巨大的市场损害，并成为公司今后源源不断的麻烦。”

客户的终身价值有多大

估计一个客户的终身价值是一件令人大开眼界的事情。举例来说，一名塔可钟快餐店（Taco Bell）的客户不仅仅是今天花三四美元吃顿午餐这么简单。根据塔可钟的估计，这位客户终其一生能给其带来的价值竟然高达 1.2 万美元！我的天，这相当于多少个墨西哥玉米煎饼的售价啊！而对汽车制造厂家来说，一名客户的终身价值平均高达 34 万美元。

而如果再考虑到忠诚的客户通过推荐给你带来的新业务，以及由此产生的收入，这个数字会迅速膨胀到令人咂舌的地步。

我有位同事专门为各类公司印刷各种新闻简讯，但他从不把这些客户仅仅当作他每月1 000美元收入的来源。根据经验，他确信从长远来看，每个客户都会给他带来巨大的收益，因此他对待客户非常认真。有位客户12年来一直委托他印刷各种印刷品，这么多年下来，他从这位客户身上获得的收入差不多有20万美元。

为了计算每位客户的终身价值，你必须知道一些与计算相关的因素。你可以以产生的收入、推荐数量和质量、预期潜力、影响程度、无形利息支出及其他因素为基础对客户进行等级评定，但需要注意的是，你所使用的各个因素都应该从定量和定性两个方面进行考量。客户等级评定可能很花时间，但你值得这样做，理由在于你可以根据评定结果有的放矢，集中营销力量维持对你业务最重要的现有客户，以及开拓具有同等重要性的潜在客户。

问题3. 你真的值得被推荐吗

大多数情况下，优秀的商业人士都具有推荐价值。如果你询问你现在的客户他们是否愿意推荐你的业务，大部分人都会说他们愿意。事实上，平均而言，在一个健康的商业环境中，80%的客户会表示他们愿意推荐你的业务。那么，为什么事实上他们并没有推荐你呢?

你问自己的第一个问题可能是“我值得被推荐吗”，而你的答案经常是“当然”。但是，如果你相信自己的客户都因你的产品或服务而感到开心，但你仍然没有从他们那里频繁获得推荐，那么很可能你和你的客户之间缺乏更深入的关系。作为公司的一员，你的观点和公司客户的观点是不一样的。尽管这并不意味着你哪些地方做得不对，但你的确需要仔细思考并找出原因。

有一个行之有效的方法就是“客户愉悦度调查”。你可以通过邮寄或电子邮件的方式把调查问卷发给客户，也可以邀请客户使用在线调查服务（比如：www.surveymonkey.com）等简便方式向你提供反馈。你可以很容易地设计在线调查问卷，并发送一个链接给客户，让他们参与进来。然后当这些反馈收集回来后，你就可以及时审视这些调查结果，包括图表和表格，然后分析每个客户个体的反响和评价。这些在线调查服务还可以向你提供调查概述，有时甚至还可以下载全部原始调查数据，并将它们输出到一张电子表格上供你做进一步的分析。

THE CONNECTORS 连接者测试

客户愉悦度调查

一些典型的调查问题如下（从 A ~ F 按照强烈程度递增进行评分）：

1. 我们致力于让您及时获得一切有关信息，并以您的满意为宗旨。 （ ）
2. 为了不弥补错误，我们“力求第一次就把事情做好”。 （ ）
3. 在您看来，我们竭尽全力奉行质量理念。 （ ）
4. 我们定期向您提供有价值的信息。 （ ）
5. 我们跟您保持充分的联系。 （ ）
6. 我们向您提供了与我们进行业务往来的便捷方式。 （ ）
7. 我们的员工经常会以超出您预期的方式向您提供服务。您能告诉我们具体是哪位员工吗？ （ ）
8. 我们努力解决您的每一个投诉。 （ ）
9. 我们为您提供了与我们进行联系的便捷方式。 （ ）
10. 我们的员工对我们所有的产品和服务都了如指掌。 （ ）
11. 您愿意将我们的产品或服务推荐给需要的人。 （ ）

在你努力获取大量业务推荐时，请不要忘记不时回顾我们在本章讨论的3个问题：

1. 你是否花时间来发展与他人的关系？

2. 你是否有值得别人谈论的独特之处？

3. 你真的值得被推荐，或你能变得更具有推荐价值吗？

在你如实回答上述 3 个问题的过程中，你将意识到今后可以用来增加推荐人的潜在方法。说实话，赢得别人的主动推荐不是什么复杂的事情，但是它仍然需要你为之努力奋斗。

第11章

妥善处理员工关系

赢得终身客户的关键因素

如果你让员工不计报酬地为你拼命工作，自掏腰包购买工作中需要的各种必需品，或者变卖个人财物来帮你筹措资金发薪水，他们很可能立即就会考虑离开你这个鬼地方，而去寻找更靠谱的新东家。但是，1974年，这个看似不可能发生的情景的确在一家公司上演了，并且轰动了整个美国。当时该公司的领导人，也是一手创办这家公司的企业家，号召全体员工在没有一分钱报酬的情况下努力工作，并且激励员工自己掏腰包为公司的卡车购买汽油，甚至请求员工变卖个人手表和珠宝首饰给公司提供金钱援助。他的员工都一一照做了，并且无怨无悔，而你要知道，当时种种迹象表明这家公司将很快关门大吉。你肯定会觉得这很不可思议，并迫不及待地想知道到底是什么原因能让这家公司的员工“傻”到这种地步，为一个即将倒闭的公司牺牲这么多。

弗雷德·史密斯是一位拥有远见卓识的企业家，也是联邦快递公司的创始人，正是他让上述不可思议的情景成为活生生的现实。史密斯经常被人们称为“商业布道者”，他的员工愿意与他同甘共苦，并且在公司最困难的时候做出巨大的个人牺牲来追随他，对他不离不弃。史密斯将巨大的能量和强烈的情感传达给联邦快递的每一个员工，并给了他们一个继续坚持和信任的理由，赋予他们一种“我属于一个伟大事业中的一分子”的强烈感觉，进而给他们指出一条追随的道路。他将自己对事业的无比激情运用于创设忠诚的员工关系，这些忠诚的员工像对待自己的公司一样对公司的事情极为上心。进而，他将激情传达给客户，并建立起了同样忠诚的客户关系，将“隔夜送达”的理念从一个客户传递给另一个客户。

除了管理联邦快递公司外，史密斯也是华盛顿红皮橄榄球队（Washington Redskins）的共同所有人，同时也与他人共同拥有另外几个娱乐公司，包括梦幻制作公司（Dream Image Productions）和爱尔康电影公司（Alcon Films）。1998年他正式入选美国创业楷模名人堂（Junior Achievement U.S. Business Hall of Fame）；2008年，西北大学凯洛格商学院（Kellogg School of Management）授予他凯洛格卓越领导奖（Kellogg Award for Distinguished Leadership）。然而，如果没有他跟每一位员工首先建立起来的忠诚关系，美国企业名人堂及凯洛格卓越领导奖绝不会青睐于他，他也不会取得现在的商业成就，“隔夜送达”的快递理念也不会留下史密斯的足迹。而且我们得明白，事实上，史密斯创立的不仅是一种单纯的关系，他创立的更是一种企业文化氛围，即每一位员工都是这个商业大家庭不可或缺的一部分，在这个大家庭里，每一位成员都可以为其他成员做任何事情。

员工关系是建立客户关系的基础

20世纪80年代，《财富》杂志就“美国十大最严厉老板”发表了系列文章，这些老板们无一例外地都奉行威胁和恐吓式的管理方式。当时的福特汽车公司CEO罗伯特·马洛特（Robert Malott）曾宣称：“除非你的员工确信你有能力让他们吃苦头，否则你无法通过威胁方式确立你的领导地位”。你可能不太相信，这番言论在当时给马洛特带来了相当多的粉丝。时至今日，如果哪个公司领导层胆敢说出这种话，无疑会被其员工和研究领导艺术方面的专家视为惊世骇俗。今天的 CEO 们已经意识到了领导理念发生的巨大转变，他们更愿意，并且善于通过智慧和激励的方式来展现他们的控制力和领导力。

有关员工生产效率的霍桑实验

1927—1932 年间，哈佛大学教授埃尔顿·梅奥（Elton Mayo）在位于伊利诺伊州西塞罗市的西部电气公司所属的霍桑工厂就员工生产效率和工作条件进行了实验研究。梅奥首先就工作场所对员工产生的身体和环境方面的影响进行了实验，接着又继续深入到心理层面。首先，他研究的是照明度对生产效率的影响，为进行实验，他将员工分为实验组和控制组两部分，并且提高了实验组工作场所的照明度，结果实验组的生产效率提高了；而对于控制组，他依然保持之前的照明度，结果控制组的生产效率也提高了。

这一实验结果对于梅奥来说毫无意义，于是他又进行了另外一个实验。这次他以一组女性员工为实验对象，向她们提供定时的工作休息时间、公司付费午餐并缩短每周工作时间。毫无疑问，生产效率提高了。18 个月过后，所有这些额外的待遇都取消了，而这组女员工的生产效率依然在持续提高！

经过数年对员工生产效率的实验研究，梅奥从霍桑实验中得出如下 4 个基本结论：

- **个人能力倾向不是其工作表现的完美预测工具**。尽管个人能力倾向可以对个体的身体及脑力产生一定影响，但是生产量的高低受社会因素的影响更大。
- **非正式组织影响生产效率**。霍桑实验的研究者们发现员工之间存在自发形成的非正式组织或群体。实验也证实，上司与普通员工之间发展的关系能对员工如何执行上司的指示产生影响。
- **工作组标准影响生产效率**。霍桑实验的研究者们并不是第一个认识到“工作组就一天应该达到的工作量可以做出自发的认定"的研究者，但不可否认，他们对这个现象做出了最佳的系统性描述和解释。

- **工作场所是一个社会化系统。** 霍桑实验的研究者们开始将工作场所看作一个社会化系统，每一个员工都是组成该社会化系统的独立部分。

上述研究还发现，即使剔除各个实验条件，员工的整体工作效率看起来也是在持续提高的。梅奥指出，当员工被单独挑出来与领导者进行谈话、参与某项工作及感受到自我重要性时，其内心会被激发出莫大的自豪感和荣誉感，这种内心的积极变化才是员工生产效率不断提高的根本原因。梅奥总结道：每次员工感到自己得到重视时，生产效率就会不自觉地提高。

今天的情况有哪些不同

在员工的内心感觉以及内心感觉所导致的生产效率方面，我们现在的这个时代跟霍桑实验那个年代相比并无任何改变。为了提高生产效率，留住优秀员工，各个组织和公司都在重新审视自己的员工。他们正致力于创造一套与以往完全不同的更加开放的工作场所行为准则和规范，而不是按照以前的做法那样，总是试图强迫员工必须符合公司事先设定的条条框框，这样做的结果显而易见。公司在设立、变革自己的组织结构的过程中将与员工之间的关系作为一个重要因素予以考虑，不可否认，这种对员工关系的重视，不仅是员工的重大胜利，还对公司及公司的潜在客户都有举足轻重地积极影响。

维尼特·纳亚尔（Vineet Nayar）是印度HCL科技公司（HCL Technologies Ltd.，以下简称HCL）的CEO。HCL是一家国际领先的IT服务公司，目前在全球20多个国家有超过5.5万名员工，其年营业收入达到了20亿美元。维尼特致力于将HCL建设成一个以“员工第一，客户次之”理念和举措为核心的一流公司。这种以结果为导向的哲学理念与传统的“客户至上”的信条正好相反。哈佛商学院和弗吉尼亚大学达顿商学院均围绕 HCL 的运作专门进行了案例研究。

维尼特坚持认为，关系和连接是以对方获得的价值为基础建立的："人们因为你提供的价值与你进行连接。关系不会无中生有，它只能建立在'你在为我做什么'的价值层面上。"他解释了与客户的关系发生于"价值区域"，即人们只会与能给他们带来最大价值的人进行连接。为了能与客户在价值区域建立起联系，公司必须首先与其员工之间建立连接的纽带。维尼特说："客户寻找的是价值而不是关系，价值创造了关系，因为它是员工和客户之间的连接点。"

员工第一，客户次之

为了整合"员工第一，客户次之"的举措，HCL 开发了 4 个战略性目标，它们分别是：

- 提供一个独特的员工环境；
- 建立一个上下颠倒的组织结构；
- 在组织中创建透明度和责任意识；
- 鼓励价值导向文化。

维尼特说："以这 4 个战略性目标为出发点，我开始明白，'员工第一'并不是你向员工提供免费午餐、免费班车和各种补贴这么简单，而是确立清晰的优先级、关注员工的职业发展并释放他们的潜能，以产生最终结果。"

沟通

HCL"员工第一"的第 1 个举措是改善维尼特和员工之间的沟通渠道，其目标是通过开放式沟通，创立一个信任、透明和管理问责的环境。员工被鼓励积极地向维尼特提出问题（每周 100 个问题！），而维尼特则会一一作答，然后将全部问题和答案张贴出来供员工观看和了解。维尼特评论道：“我办公室的大门总是敞开的，并且欢迎员工提出任何问题和批评。我们十分坦诚，任何问题都可以进行沟通，这才是一个公司运营良好的标志。”

员工大会

第 2 个举措是在所有 HCL 的办公场所举行类似于市政厅现场会议的员工大会。这种会议提供给员工一个表达自己声音的机会，他们可以向管理层提出自己的观点和问题，并有机会得知自己在公司的发展图景中能做出什么贡献。这么做的结果就是，HCL 公司内部形成了有助于促进信任的极为开放的企业氛围和环境。

信任薪酬

第 3 个举措是将以绩效为基础的报酬体系，发展为他们称之为“信任薪酬”的新工资计量制度，它是发生在员工身上的重大变化。信任薪酬适用于 HCL 内部 85% 的员工，他们大多数都是初级工程师，而管理层和销售人员不适用新工资制度。“信任薪酬”的含义是员工的全部薪酬数量是固定的，而不是像传统上以底薪加奖金（以公司设立的工作目标完成情况为基础计量，而在大多数公司里，完成工作目标的情况是不经常发生的）的浮动工资制。HCL 通过新工资制度预先向员工尚未表现出的工作能力和信任度支付了工作报酬，这在商业世界里是闻所未闻的！ HCL 引入信任薪酬的本意是降低人员流动量并提高信任等级，而实践证明，他们的确实现了当初的目的。更重要的是，信任薪酬为 HCL 重新注入了活力。

360 度反馈评价，让所有人都看得到

第 4 个举措是针对公司管理层的。从 2005 年开始，HCL 宣布，所有公司

管理层人员都将就工作情况收到 360 度反馈评价。维尼特宣布，他会将自己收到的全部反馈都放到公司内部局域网上供全体员工查看，这绝对是史无前例的举动！公司其他管理人员也纷纷效仿。这对很多不习惯向员工曝光所有信息的管理层来说是一个痛苦和艰难的过程。维尼特说："当全球各地成千上万的员工有机会看到他们的高级管理人员的相关工作反馈和评价时，我想我们首先向员工传达的信息是 HCL 的确是一个不一样的公司。变革开始起效，管理者变得更加愿意倾听和采纳员工的意见，而不是发号施令并要求员工遵守。"

整体而言，"员工第一，客户次之"的举措让 HCL 变得更具活力。HCL 扩大了市场份额，并且在维尼特的领导之下，在过去 3 年中公司规模整整扩大了2.5倍。现在，员工们与客户之间的沟通更加顺畅并且建立了强大的客户关系，价值就在这个过程中被源源不断地呈现给客户。

命令与控制 VS. 合作与配合

从 1920 年开始，各项有关研究发现，管理层与员工之间建立良好的关系有助于工作效率的大幅提高。从此之后，竞赛场地也随之发生变化。竞赛规则还是以前的规则，但是参与竞赛的人早已换成了新面孔。为了与员工建立良好的关系、激励员工并提高工作效率，以关系导向型为基础的管理风格正在形成。

"命令与控制型"的管理架构和方式早就失去了曾经的辉煌，再也无法实现以往所能达到的工作效率。"Y 代人"[①]对管理风格的预期跟他们的父辈相比非常不一样。维尼特极富洞察力地将 Y 代人的观念转变与家庭单位的演化进行了对比。他说道："今天，家庭更像一个合作型的企业。孩子们在家庭里拥有了话语权。这就是今天很多家庭的运行模式。人们的核心价值观已经发生了深刻转变。同样地，我们的商业运行模式也必须随之改变，否则不要指望任

① 美国人把 1980—1995 年间出生的人称作"Y 一代"，这个群体的共性包括：极度自信、乐观、有特权感、自主性强等。——译者注

何企业能顺利运行。”

用“控制与命令”的方式管理员工已经让位给更具合作性的方式，世界上很多最成功公司的体系已经逐渐从保持正式授权发展到鼓励协作、开放式沟通、信任和独立性上来。这些公司的领导正在建立一种“幕后领导”的视角。

思科公司的 CEO 约翰·钱伯斯（John Chambers）在 2009 年 2 月份曾经谈论过思科公司在过去的 6 年中所逐渐发生的转变和变革。在接受哈佛商学院出版公司的一次采访中，钱伯斯提到，思科的管理风格已经从“命令与控制”式转变为“合作与配合”型。他说：“我认为我们在这个过程中所面临的最大绊脚石就是，我们之前已经运用命令与控制的管理方式取得了巨大成功，因此我们很清楚如何才能做得更好。而我自己也会有这个倾向，比如当我走进会议室主持一个会议的时候，我会一开始跟与会人员说这是个合作型的会议，我鼓励大家多提出自己的意见。但是会议开了不到 10 分钟，我就知道了讨论事项的解决方案。于是我发现自己经常说‘好吧，我们接下来应该这么办……’但是采用新的管理方式后，你不得不花时间让你的员工和团队将所讨论的问题理解透彻，然后再耐心地等待他们得出结论。通过这种方式，在很短的时间内，他们经常能做出跟我一样棒的决策，有时甚至比我想的还要好得多。”

当员工身处合作的氛围中，他们对过程的参与和对事件得出的结论或决策会带来更积极的结果。个体具有一种渴望被关注（如霍桑实验所揭示的）及获得情感满足的天性（见第 2 章有关社交商的部分），而协作恰恰能让人们的这种天性获得满足。当然，这么做的好处还包括让员工有机会对上层的观点和方法说“不”并提出挑战。如果公司在决定策略的过程中广泛听取并吸纳了员工的意见，员工则会认为最终通过的决策也有他们的贡献，是他们自己的决策，继而更加积极、投入地执行这个决策，从而有助于获得成功。

“合作与配合”的商业合作模式不仅会让员工更开心、更具生产效率，它最终还会给公司带来满意和愉悦的客户，有助于公司的可持续发展。

双向沟通

如果沟通能以一种双向的方式进行，那么此时它的效果就能得到最大程度的发挥。员工和经理需要有一种定期进行反馈和交换意见的途径和方式。而且，“意见箱”早已无法承载今天商业人士对沟通的强烈要求。

即使在今天这种高科技环境中，人们仍然需要面对面地接触。员工们想知道公司未来的发展计划，想知道他们如何能在这个计划中找到适合自己的位置，以及理解事情会对他们有怎样的影响。许多被评为“最佳雇主”的优秀公司的领导人都喜欢运用“走动式管理”（MBWA）的方式，因为他们相信，潜在的问题可以直接通过跟有关人员交谈而得到快速解决，这也是一种及时了解公司正在发生什么的极好方式。

开放式沟通

开放式沟通是创建可持续办公场所文化的关键因素，也是最难掌握的一个环节。

Winning Workplaces 是一个非营利性机构，致力于向中小组织提供咨询和培训。根据该机构的说法，只有当一个组织将持续沟通作为其文化的核心要素时，该组织内部才能形成普遍的信任，全体员工才会重视公司不断取得的成功。

美国电力公司（AEP）是美国境内最大的电力供应商之一，该公司致力于让员工获得相关信息并参与到公司的运营中来，为此其采取了多种方式。这些沟通方式包括：公司通过内部局域网（AEPNow）向员工提供工具、信息和资源；每月将《员工快讯》（*Inside AEP*）邮递至员工家里，以确保公司与全体员工都能进行有效联系；每季度就员工薪酬问题进行网络直播会议以及其他特别制订的沟通方式和途径。

2007 年，美国电力公司启用了一个公司内部博客，员工可以通过这个博客就其所关心的一系列重要事件和问题畅所欲言。“开放的麦克风”（Open Mike）是另外一个员工论坛，员工们可以与公司 CEO 定期进行私下沟通和会面。参与该论坛的员工也会定期进行轮换，以保证更多的员工可以参与进来——每年都会有 25 位员工参与该论坛。

在 80 年前进行的霍桑实验中，埃尔顿·梅奥总结出，每次员工感觉受到关注的时候，他们的生产效率就会提高。今天，如果再次进行相同的实验，我们很可能会发现，人类的本性在 80 多年后并没有发生太大变化。

第 12 章

没有时间怎么办

忙里偷闲进行关系建设

时间是一种固定收入，跟其他任何收入一样，我们大部分人所面临的实际问题就是，如何在我们每天固定的时间内生活得更精彩。

——玛格丽特·约翰斯通（Margaret B.Johnstone）

你以前在哪儿听到过下面这句话："我的时间已经被安排得满满当当的了，你让我到哪儿找时间与别人进行连接和建立关系呢？"你自己是否又经常说"我没时间"这样的话呢？我们生活在互联时代，但似乎所有受我们支配的工具都让我们变得越来越忙碌，而这些工具发明的初衷是为了帮助我们更好地利用时间。

或许更准确地说，我们生活在一个"超负荷时代"。要想抽时间完成所有引起我们注意的事情，是我们当今这个时代最不可能完成的任务之一。如果你在网上搜索一下"时间"这个词语，你将会得到差不多 60 亿个搜索结果！而如果你把搜索范围缩小为"时间管理"，那么你得到的搜索结果只有 2 亿多一点点。最后，如果你在"时间管理"的前后加上引号再搜索（这样能查到完全匹配的结果)，那么你得到的搜索结果将会更少，差不多只有 1 500 万个。

这些搜索结果中包括小贴士、工具、测验和诀窍；计划、谚语和法则；秘密、解决方案、战略、系统、研究和技巧等。除此之外，还有各类时间管理研讨会和培训班、咨询和培训服务、讲座录音以及视频。你几乎可以找到适合于任何人的搜索结果：针对小孩子、十几岁的青少年和大学生的时间管理；针对妇女和家庭的时间管理；针对教师、牧师、商业人士及习惯性管理混乱者的时间管理等，甚至还有帮助无政府主义者抗议政府的时间管理网站!

这样，问题就来了，既然我们拥有这么多可供使用和支配的工具和建议，为什么我们还是疲于应付各类事情？是什么因素阻止我们充分利用时间？或许我们可以在已故作家彼得·德鲁克的著作中找到第 1 个因素。德鲁克经常被人们称为“现代管理之父”，他就这个话题的重要性写了大量著述。

德鲁克写道：“时间永远是最短缺的，也完全没有替代品，而做任何事情都少不了时间。这才是人类面临的普遍性问题。任何工作都是在时间中进行的，都需要耗用时间。很多人到目前为止还对这种独特的、不可替代的以及人类必须拥有的资源漠然视之，没有意识到其重要性。”

只有在时间源源不断逝去的时候，德鲁克的上述论断才被人们认为是真实的。我们对时间漠然视之的方式多种多样。我们可能会屈服于“紧急事情的暴政”下，即我们会允许与紧急事情相关的不重要小插曲，比如电子邮件、电话、未事先预约的拜访者等，占用我们每天宝贵的时间。用美国当代作家、新闻专栏作家安托瓦妮特·博斯科（Antoinette Bosco）的话说：“时间不是一种商品，不像蛋糕一样可以随意传给其他人。时间是生命所在。如果有人要你给他们点时间，他们实际上在向你索取你生命的一部分。”

阻止我们充分利用时间的第 2 个因素是“拖延”或“耽搁”。著名英国作家查尔斯·狄更斯称“拖延”是“时间的小偷”，而已故美国作家唐·马奎斯(Don Marquis)将其形容为“拖延是正步于昨日的艺术”。16 世纪西班牙小说家、诗人、《堂吉诃德》的作者塞万提斯曾经对拖延和耽搁提出警告："沿着'等一等'这条路，就会走进'一事无成'这间屋。"

阻止我们充分利用时间的第3个因素，或许也是最重要的一个因素就是缺乏组织，即不能有效计划或建立优先处理等级。罗马诗人奥维德曾经说过"说话间，时间飞逝"，且此后2 000多年来，无数的历史名流发出了同样的叹息。但是现在，励志演讲家迈克尔·阿特舒勒（Michael Altshuler）提出了一个新的观点："坏消息是时间飞逝而去，而好消息是你是时间的驾驶员。"

下面几个故事会告诉你，如何作为驾驶员来操控自己的时光之舟，让它带你飞向最有效率和最能带来效益的目的地。

进行时间管理的4个步骤

除非你是公共关系领域的从业者，否则艾维·李的名字对你来说可能毫无意义。李1877年出生于美国佐治亚州，就读于普林斯顿大学。大学毕业后，他成为一名新闻记者。1904年，李和一个合作者创办了一家公共关系服务公司，开启了公共关系这个崭新的行业。实际上，李被很多人认为是"现代公共关系之父"。

他的客户中包括一些当时最出名的商业巨头，比如约翰·洛克菲勒和查尔斯·施瓦布。1903年，施瓦布在担任卡内基钢铁公司（Carnegie Steel Company）和美国钢铁公司（U.S. Steel Corporation）的总裁后，接过了当时美国第二大钢铁制造商伯利恒钢铁公司（Bethlehem Steel Corporation）的大旗。有一次，施瓦布问公司的公共关系顾问李，如何才能让公司的经理们更有效地利用他们的时间。

很快，李就勾勒出一个简单的计划，他建议施瓦布将该计划实行一段时间，然后根据实际效果向李支付相应的报酬，当然报酬多少完全由施瓦布决定。你想知道这个计划的最终效果如何吗？施瓦布给了李一张金额为 25 000 美元的支票，而这相当于今天的 25 万美元！

你可能会觉得很不可思议，并且想马上知道，到底是一个什么样的计划能值这么多钱？李设想出的计划包括 4 个简单的步骤，分别是：

- 将明天需要做的最重要的事情列一个清单；
- 根据它们的重要性进行排序（确定优先次序）；
- 第二天首先着手最重要的工作，直至其彻底完成；
- 按照优先次序依次完成其他任务。

1 个多世纪过去了，这个计划对于有效进行时间管理而言，仍然不失为一个良好的工具。

兰迪·波许的最后一课

卡内基梅隆大学的计算机科学教授兰迪·波许（Randy Pausch）博士坚信管理时间对人的重要性。他说："时间管理让你明白哪些是重要的，哪些是不重要的。时间是我们所拥有的一切，总有一天你会发现你剩下的时间比你想象的要少得多。"

对波许博士而言，"那一天"便是 2007 年的 8 月 15 日。医生告诉他，一年前他被确诊的胰腺癌已经迅速恶化，现在他的生命只剩下 3～6 个月的时间。事实上，在医生得出这个诊断结论后，他又顽强地坚持了将近 1 年的时间，最终在 2008 年 7 月 25 日被癌症夺去了生命。他去世时年仅 47 岁，留下了他的妻子和 3 个孩子。

当被问到在他生命中的最后几个月，他对时间的观念是否发生了变化时，波许说唯一的不同之处就是“每件事情都比以前更加珍贵”，他决意比以往任何时候都更充实地度过生命最后阶段的每 1 分钟，以给他的妻子和孩子们留下永恒的记忆。他与妻子共度了浪漫的二人游，全家去迪士尼公园享受了美好的欢乐时光。

2007 年 9 月，波许参加了匹兹堡卡内基梅隆大学的一个系列讲座，该系列讲座的主旨是邀请教师们奉献一堂假设的“生命最后一课”，而对波许来说，这当然不是一个假设。他的演讲题目是《真正实现你的童年梦想》(*Really Achieving Your Childhood Dreams*)，主要是针对他年幼的孩子们进行的。这场人生中的最后演讲风靡全球，在互联网上下载量达几百万次。

全美国各地的记者都纷纷介绍和转载他的故事；波许也应邀参加了奥普拉脱口秀以及其他电视节目。2007 年 11 月，曾经执教 10 年的弗吉尼亚大学邀请波许再次前往该校进行演讲，这个演讲是 1998 年他在该校同名演讲的一个更新版本，主题当然是关于时间管理的。

在这个讲座里，他与听众分享了自己如何有效利用时间的相关概念和实践。其中包括许多已被实践证实可行的时间管理原则：

- 计划和目标设定；
- 建立优先次序；坚持对要做的事情列一个清单并严格执行；
- 首先处理最紧急的事情；
- 每张纸和每封邮件只处理一次；
- 学会说“不”。

为了尽量缩短打电话的时间，他建议最好在下午快下班的时候或快吃午饭的时候打电话。他说：“尽管你可能认为自己很重要，但是再重要也没有午饭重要吧。”

为了有效地表达自己的观点，波许特地为演讲制作了一个幻灯片，他的幽默在幻灯片上一览无遗。比如，在谈到“授权”作为节省时间的工具的重要性以及“授权给他人永远不嫌早”时，他的幻灯片上出现了两张几乎完全一样的照片。照片中波许将小女儿抱在大腿上。两张照片唯一不同的地方就是：一张照片里波许拿着奶瓶给女儿喂奶，而另一张照片里，是他的小女儿自己拿着奶瓶喝奶。

与他的“生命最后一课”一样，兰迪·波许关于时间管理的讲座也被很多人观看了无数次。上述两个讲座以及其他波许留下的信息仍然可以通过视频网站观看。

要事第一

畅销书作家史蒂芬·柯维在其关于时间管理的著作《要事第一》（*First Things First*）里，讲了一个研讨会上发生的故事。这个故事是他的一个同事告诉他的，在那个研讨会上，演讲者进行了一个小实验，该实验得出的道理受到了艾维·李、兰迪·波许以及其他许多人的追捧。

演讲者在他面前的桌子中央摆放好一个大的宽口玻璃罐。他首先将最大的石头放到罐子里面，直到罐子里无法再放入更多大石头为止。这时他问在座的听众罐子是否满了，听众们异口同声地回答道：“满了。”

接着，演讲者拿出一袋碎石并开始往罐子里面倒，直到罐子盛不下更多的小石头为止。这时候他又问听众罐子满了没有，这次听众们回答道：“或许没有。”

接着，演讲者又掏出一袋沙子，然后往罐子里开始倒沙子，当罐子里连一粒沙子也装不下的时候，他第三次重复了刚才提出的问题，这次观众响亮的回答道：“没满！”

最后一步，演讲者开始往罐子里倒水，直到罐子真的连水都盛不下了。这时他请观众们解释这个现象说明了什么。有一位听众反应很快，他的答案是：你总能想出办法来一步步充实你的生命。

演讲者说这个答案并没有答到点子上，之后他解释说："这个实验结果告诉我们，如果我们没有先把大石头放进去，我们就没法把碎石、沙子和水统统都塞进去。"

什么是你个人生活和事业上的大石头，即需要你优先处理的事情？这是你对每一件需要占用你时间的事情都需要思考的问题。如果成为一个连接者并且建立关系对你而言很重要，那么首先将与他人进行连接和建立关系摆上你的日程，而将其他事情统统往后挪才是明智的做法。要防范那些蝇头小事的打扰，防范不重要的工作任务耗费掉你宝贵的时间，杜绝拖延成性。

最后，请留意英国作家和诗人约翰·德莱顿（John Dryden）在 4 个世纪之前向世人提出的建议和发出的警告："时间是你生命中最宝贵的一枚硬币，你，且只有你自己才应该决定如何花这枚硬币。要时刻提防别人替你花了它。"

THE CONNECTORS 第 13 章

寻找适合你的导师

引导、激励你放手去做的影响力

你在生活中需要一位导师指引你到达你想去的地方！为什么你需要导师？道理很简单，导师会促使你发生变化，或进一步开发你的潜能，使你达到之前所不敢想象、不能想象的新高度。他们也会给你的人生描绘一幅更辽阔的图景，比你自己想象得还要宽广。

——汤姆·佩斯 (Tom Pace)
佩斯巴特勒公司创始人

在实践中，“导师制”已经有数百年的历史了。事实上，“导师”这个词语起源于古希腊神话。根据传说记载，当奥德修斯即将奔赴战场征战时，他授予一名叫作门特（Mentor）的人一项职责，即照看他年幼的儿子。从此以后，“Mentor”这个词语就开始指代负责指引和教导他人的人，比如辅导员、顾问或导师等。

这种指导和被指导者之间的关系通常发生于一名年长人士与年轻人之间，或是一名经验丰富的人与一名欠缺经验的人之间。这种关系经常被表述为“将某人置于你翅膀的庇护之下”。

尽管指导的习俗由来已久，但是直到近年来，指导才逐渐发展为一种正式的商业实践活动。越来越多的大公司意识到，其本身所拥有的资源和经验可以成为强有力的培训工具，且培训有助于增强员工之间的关系，因此他们在新员工刚入职时就开始实施指导活动。事实上，根据《华尔街日报》2009 年 1 月 29 日的一篇文章，70% 的《财富》世界 500 强公司现在已经着手向员工提供指导项目。该文章以 IBM 为例，报道了 IBM 会为每位尚未入职的员工指派一名“联络教官”，而在他们正式加入 IBM 后，每人都会被分配一名正式的导师。

用最简单的话来说，指导就是一个人帮助另一个人的过程。它是一个人在生活和事业上帮助另一个人实现发展的关系。当被问及是否拥有导师时，大部分取得举世瞩目成就的商业人士都会告诉你，在某段时间内，他们曾拥有过导师，甚至有些人直到现在仍然在接受导师指引，这才是商业人士获得成功发展的真正关键因素。除此之外，这种指导和被指导的关系对被指导者而言还有另外一个不容忽视的价值，那就是它让被指导者明白：牢固关系的基础在于给予和获取。

你有导师吗

以下这张表格对于那些有兴趣寻找一位“企业导师”的人来说非常有用。

THE CONNECTORS 连接者测试

选择一位导师

你认为导师身上应具备怎样的性格特质？

____

____

____

你想通过与导师之间的关系取得哪些成绩?

____

____

____

你需要提高哪些技能?

____

____

____

谁是你的潜在导师?

____

____

____

被指导者应当具备的条件

2002 年 4 月 15 日，IBM 网站上刊登了一篇名为《导师资本》(*Mentor Capital*）的文章，其中详细介绍了公司采用导师制能带来的诸多益处，同时，文章的作者，IBM 公司的专业服务总监西德尼·富克斯（Sidney E.Fuchs）也向那些想寻找导师的人提出了非常有用的建议。作者写道："对于被指导者来说，并不是每个人都能成为导师人选的最佳候选人。当你与一名导师进行连接时，你必须愿意敞开心胸接受有建设性的反馈意见，愿意正视现实，向自己不好的方面勇敢出击。从好的方面来看，这有助于引导你实现自己的目标并且取得长远进步。"

富克斯在入行之初也有接受别人指导的经历，因此他从自身经验中归纳出来的各种意见都非常令人信服。他指出，导师和被指导者之间的关系要想取得成功，被指导者必须持开放态度，愿意首先解决最困难的事情，愿意随时做好准备以接受令人感到痛苦和沮丧不已的批评。接着，他写道："做到了上面这些，剩下的事情就好办多了。不要给自己设置防线，允许信任的人进入你的内心深处进行挖掘和探查，并诚恳接受他们的建议，这是一种自身的解放。如果你信任的人是怀抱正当理由做这些事情的，那么这的确会给你的职业生涯带来重大的变化。"

CEO 空间

很多组织和活动已经不仅仅局限于人际关系网络的建设，而是更进一步地帮助人们创建、加深指导和被指导的关系。CEO 空间公司（CEO Space, Inc., 其官方网站是 www.ibiglobal.com），由 BJ · 多尔曼（BJ Dohrmann）与其他人联合创建，迄今为止，该公司已经连续 5 年主办了 CEO 静修周活动，并且在网络上专门为 CEO 们创建了一个社区。

在 20 世纪 40 年代到 70 年代之间，BJ 的父亲艾伦 · 多尔曼（Alan G. Dohrmann）培养和训练了一些世界上最赫赫有名的商业精英。艾伦的孩子们（包括 BJ）就在与这些成功的商业人士接触中慢慢长大，并且从他们以及老多尔曼身上学到了如何成功地与掌权人士进行交流并建立关系。

CEO 空间更像是一个独特的展会，CEO 之间可以进行互相指导。年度 CEO 静修周的目的是降低完成近期计划目标的成本和减少其所用时间，它采用一种独特的"CEO 步调"（CEO Pacing）机制，即 CEO 每隔 90 分钟就可以享受一个宽裕的休息时刻，这段时间可以让他们处理电子邮件、电话和相关工作。CEO 们还会收到经典 MBA 技能培训的最新下载版本。

妇女联盟，施乐公司的新方式

1984 年，美国施乐公司（Xerox）启动了一个名为“妇女联盟”（The Women's Alliance）的项目，其目标是“成为促进施乐公司的女性获得个人和职业发展的催化剂，让每一个人都能实现自己的目标”。最近，妇女联盟又启动了一个指导项目以作为协助其成员获得个人和职业双重发展的额外工具。妇女联盟官方网站（www.thewomensalliance.net）上将这个指导项目描述为“依托以网络为基础的工具的支持，被指导者可以进入其青睐的相关专长领域，并且会看到一个潜在导师名单。然后，被指导者就可以选定自己心仪的导师，并与之进行连接和创建关系”。

这个工具还包括所有导师的详细介绍，以及就被指导者经常提出的问题所做出的回答。这些问题包括：如何找到正确的导师；多久沟通一次比较合适；导师和被指导者各自的预期是什么；何时并且以什么方式结束一个指导关系；应该谈论或避免的话题各是什么。

妇女联盟在关于该项目的一个宣传资料上引用了 2000 年《财经》杂志上的一篇报道，该报告显示：

- 71% 的《财富》世界 500 强公司采用了指导项目。
- 34% 的女性主管和 24% 的 CEO 指出，缺乏指导是阻止女性取得事业成功的最主要因素之一。
- 拥有导师的员工比没有导师的员工每年薪水高 5 610 ~ 22 450 美元。
- 77% 的接受调查的公司认为，向员工提供指导服务有助于延长员工的在职时间，并提高他们的工作表现。

同时，在上述妇女联盟的宣传资料中，一流的指导关系被定义为：“指导者和被指导者之间的合作伙伴关系，这种合作伙伴关系能让双方在工作中互相学习，共同发展，产生满足感。被指导者必须在指导关系中处于更加积极主动的位置，他们必须设定目标并提出有效问题。”

接触潜在的导师

接触潜在的导师可能是一件令被指导者非常伤脑筋的事儿。如果他们不同意当我的导师怎么办？如果我令他们感到不舒服怎么办？如果我自己感到不舒服怎么办？

下面是一些与潜在导师进行初次接触和交谈的方法：

- **推荐人**。请某人将你引荐给你心仪的导师，并告诉推荐人你选定这个人做导师的全部理由。
- **电子邮件 / 电话 / 面对面交谈**。试着通过这几种方式与你心仪的导师进行接触。你可以在电子邮件、电话或当面交谈中这样说：“我非常钦佩您在事业上所取得的成功，并且知道您在______方面拥有相当丰富的经验。我想知道您是否愿意给我一些建议呢？”

一位令人难以置信的指导关系拥护者

在本章开始，我引用了一个叫汤姆·佩斯的人说过的一句话来说明指导关系的重要性，我猜你肯定从来没有听说过这个人。事实上，我也是直到最近才知道有这么一个人的。然后我有幸阅读了有关他的书籍，并发现这个人的故事简直太不可思议了。

佩斯出生于 1957 年，他几乎没有显示出任何能做好某件事情的迹象。举例来说，他高中时的学习成绩绝大部分都是 C、D 或 F。高中毕业时，连他自己都承认自己是一个半文盲，阅读能力只相当于小学四年级的水平。

高中毕业后，佩斯开始了“三心二意”的继续求学之旅，首先在俄克拉荷马大学学习，然后去了俄克拉荷马州立大学，最后是中央俄克拉荷马大学。佩斯差点儿没通过中央俄克拉荷马大学的入学考试，并且就读后翘掉了全部课程，最终被校方劝退。

而退学后，他的工作表现并不比他的学校表现好上哪怕一丁点儿。据他自己所言，到他 25 岁的时候，他总共做过将近 30 份工作，每份工作都因为表现不好而被炒鱿鱼。他说：“1983 年，我遭遇了人生的最低谷。”那时，他甚至考虑过自杀。

这时，佩斯做了一件对不太具有阅读能力的人来说比较反常的事情。有人推荐他阅读一本由奥格·曼狄诺写的书，书名是《世界上最伟大的奇迹》(*The Greatest Miracle in the World*)，佩斯真的找来看了。曼狄诺简直是佩斯的翻版，其早年生活也是一团糟。“我是一个酒鬼”，曼狄诺写道，“一个 35 岁的流浪汉，早已经打算结束自己悲惨不堪的生命。我口袋里只剩下 30 美元，当我看到当铺里出售一把 29 美元的手枪时，我差点儿掏出自己的全部身家买下来，然后给自己来一枪。”

当然曼狄诺没有结束自己的生命，他后来成为世界上拥有最多读者的励志作家之一。到 1996 年去世时，他总共写了 14 本励志书，这些书以 25 种语言在世界各地出版发行，并卖出了 5 000 多万册。你可能很好奇，是什么在一夜之间改变了他的命运？正如佩斯一样，曼狄诺也是因一本偶然读到的励志书而使自己的人生发生了翻天覆地的变化。

《世界上最伟大的奇迹》对佩斯产生了巨大影响：“你有能力进行伟大的设想，你的潜能是无限的……从今天开始，不要再自我贬低！不要再满足于生命的卑微！不要再埋没自己的才华！”

阅读随即成为佩斯最喜欢干的事情，它唤醒了佩斯内心长久以来被压抑的关于美好未来的梦想。1987 年，佩斯 30 岁，在经历了一连串失败的工作后，他的全部身家只剩下 62.53 美元，这时他决定开一家属于自己的公司，于是佩斯巴特勒公司（Pace Butler Corporation）诞生了。一开始，公司的经营范围是买卖二手电脑设备，之后还开始买卖二手手机。经过多年的打拼和奋斗，佩斯将公司发展成为一家资产达数百万美元、员工人数超过 100 人的商业公司。

今天，佩斯所做的一切事情都建立于“让世界变得更美好”的理念之上，而该理念的本质源于他对指导的巨大热情。这种热情指引他开办了一家名为门特希望（MentorHope，LLC）的非营利性机构。2007 年，他与沃尔特·詹金斯（Walter Jenkins）合著了一本名为《导师》（*MENTOR*）的励志书，由门特希望出版社（Mentor Hope Publishing）出版发行。这本书讲述了一个叫托尼的十几岁小孩的故事。托尼虽然年纪轻轻，但是已经数度违反法律，他的生活看起来一无是处。这时他遇到了一位非常成功的商人，这位商人成为他的导师并最终改变了他的命运。佩斯将此书“献给所有关心指导我的人”。

佩斯传达了大量关于指导的重要信息。首先，他指出，世界上有两种导师，即直接导师和间接导师，后者是指那些我们并未亲自接触，但其智慧和指导能通过书籍、磁带、研讨会和其他形式来启发我们的人。事实上，佩斯认为习惯，比如阅读的习惯，是指导过程中不可或缺的重要一环，因此数年前，他在佩斯巴特勒公司内部推出了一项鼓励公司所有员工多花时间阅读的活动。员工们每阅读一本超过 100 页的非小说类图书就会获得 10 美元的奖励。这项活动实施以来，员工们已经阅读了成千上万本涉及不同领域的书籍，包括自我提高、育儿、理财和精神等方面。佩斯根据一名员工的建议，将员工阅读过的所有书籍做成一个清单张贴在公司墙上，而且员工们在每个星期的员工会议上会彼此分享自己的阅读感受，以及对他们自身所产生的积极影响。

尽管上述间接指导被实践证明具有非常好的效果，但是佩斯马上指出，直接指导的效果是最棒的。他写道：“直接导师是那些你可以安排时间亲自与他们坐下来聊聊天的人，这是进行指导的最有效方式，因为它能给你提供机会亲自见识一下你的导师。你应该充分利用这两种指导方式的优势，同时要将重心放在直接指导上面。”

我用佩斯关于导师重要性的解释来作为本章的引言，现在，让我再用他本人的话来总结一下如何开始发展指导和被指导的关系：

“选择不同的人们所拥有的不同长处以提高自己的某项素质或技能。寻找那些已经实现了你想要实现的目标的人，确保他们能被你接触到。”

“现在，我们该说说成为一个被指导者的最重要素质，而这也是很多人身上缺乏的部分。你应该知道如何从你的导师身上获取帮助。如果你没有为跟导师在一起的那段宝贵时间做好准备，那么你纯粹在浪费自己的生命。如果你不知道你想从导师那里获取什么，你就永远不会知道自己是否正在不断取得进步……”

“记住，一位好的导师是你生命中可以拥有的最最重要的成功因素。努力工作、坚持不懈、获得指导，然后就尽情享受成功的乐趣吧！”

THE CONNECTORS 连接者测试

与导师见面前的准备清单

1. 我希望成就什么？

____

____

____

2. 我需要学习的最重要的技能是什么？

____

____

____

3. 我将提出哪些具体的问题？

____

____

____

4. 当与导师结束见面后，我将如何采取行动？什么时候采取行动？

____

____

____

5. 我将如何在行动上跟随导师？多久一次？

____

____

____

6. 我希望什么时候再跟导师见面？

____

____

____

THE CONNECTORS 第14章

积极加入妇女组织

满足女性对建立关系的特殊需求

持续不断地开发和扩大你的人际关系网络——我坚信，每一位成功女性的背后都有一张巨大的人脉网，她们通过不断地结交新朋友而使这张网得以建立和扩大。

——桑德拉·扬西（Sandra Yancey）
女性电子人脉网络基金会创始人

美国第一个捍卫女性在职业发展中的需求和目标的组织起源于第一次世界大战时期。战争开始于1914年，随即席卷整个欧洲。到了1917年，第一次世界大战的规模再次扩大，以至美国也不可避免地被卷入进来。1917年4月6日，美国国会正式向德国宣战。400万年轻的美国男性士兵随即被派往欧洲各个战场，在接下来的整个夏季，被派往海外的美国男性士兵平均每天以1万人的速度增加。

因为派往海外战场上的美国男性士兵不断增加，美国国内的劳动力受到极大削弱。美国作战部的官员看到了使用女性职业人力资源的迫切需要。在这个大背景下，妇女战争委员会（Women's War Council）应运而生，该委员会负责筹建国际商业与职业妇女俱乐部联合会（The National Federation of Business and Professional Women's Club)。1919 年 7 月 15 日，该联合会正式诞生，此后联合会的名称变更为美国国际商业和职业妇女联合会（Business and Professional Women/USA，简称 BPW/USA)，其使命被明确地表述为“通过支持、教育和信息，实现所有职场女性与男性的平等”。

根据其官方网站的陈述，BPW/USA 是“一个全国性民众组织，拥有 20 000 名成员，在 54 个州和全美国境内拥有 1 300 多个地方组织……BPW/USA 的成员是一些职业女性，她们寻求提高职业发展目标、获得更高薪酬、建设更强大的公司、实现同工同酬和平等就业机会，以及建立一个有回报的职业生涯。”

在过去 90 年间，该组织的工作重心大部分都放在影响妇女权益的立法上面，在其坚持不懈的努力下，美国在保护妇女权益立法方面取得了巨大进步。同时，该组织也并未忽视来自广大职业女性关于进行连接和建立关系的需求。我们再次引用该组织官方网站上的原话如下：“BPW/USA 为美国职业女性所做出的努力体现在我们一系列的签名大会、活动和项目中。这些重要的工具不仅传达了 BPW/USA 的核心价值理念，还在女性互相学习、互相支持、游说和建立终生人际关系网络过程中，提供了全国范围内的连接和沟通平台。”

每年 BPW/USA 都会举办一个全国大会，来自全美国各行各业的数百名职业女性齐聚一堂，共同参加职业发展研讨会，利用职业指导机会。在这个过程中，她们彼此结交并发展起了重要的商业和个人关系。1956 年，该组织成立了“商业和职业女性基金会”，其使命是“赋予工作女性充分利用其全部潜能的能力，并与其雇主共同打造良好的工作场所”。

不久之前，BPW/USA 针对迅速增长的美国退伍女兵推出了“女性军人：脱下军装，重新生活”的项目。其目标是通过一系列项目和服务，包括工作和学习机会及其他面向女性退伍军人的资源，帮助女性退伍军人顺利实现从军旅生涯到普通民众生活的转变。该项目的一个重要组成部分紧紧围绕“建立关系”展开，即向这些退伍女兵提供机会、途径以及取得事业成功的各种关系，以帮助她们实现从军人身份向平民身份的平稳过渡。

美国全国女性企业主协会

虽然 BPW/USA 是美国历史最悠久的女性商业组织，但它不是唯一致力于帮助商业和职业女性建立战略性联系和关键关系的组织。另外一个比较重要的组织是美国全国女性企业主协会（National Association of Women Business Owners），你可能对其简称“NAWBO”更加熟悉。

NAWBO 于 1975 年由 12 位商业女性在华盛顿特区创立，现在几乎在每一个大都市都设有分会，代表了美国 1 000 多万女性创办的公司。该组织包括如下 4 项使命：增强成员的财富创造能力，促进经济发展；进行创新和有效的商业文化变革；变革公共政策和影响舆论制造者；建设战略性联盟、同盟和隶属关系。

NAWBO 采取各种措施帮助其会员形成和发展有价值的重要关系，以促进成员所拥有的企业持续增长。这些锲而不舍的努力包括 NAWBO 与其他几个具有类似使命的组织进行的密切合作。比如，通过与世界女企业家协会（World Association of Women Entrepreneurs）的合作，NAWBO 的国际影响范围已经扩大到五大洲的 60 多个国家。简单来说，世界女企业家协会的使命就是“将世界范围内的女性企业家联结起来”。

2004 年，NAWBO 与“妇女经济独立算我一个”（Count Me In for Women's Economic Independence）组织形成了联盟。该非营利性组织的宗旨是“促进经济独立和女性创办的企业的发展”。自 1999 年其成立以来，“算我一个”组织已经向无数妇女创立的企业提供了成千上万的贷款，其帮助对象遍布全美。

在 NAWBO 的协助下，一个新的组织，即世界创业女性网络（Network

of Entrepreneurial Women Worldwide，以下简称 NEWWW）于 2006 年宣告成立。根据 NEWWW 主席克里斯蒂娜·肖维（Christine Chauvet）的说法，“在一个日益全球化和经济不断变化的大背景下，加强交流与合作变得越来越重要。NEWWW 集中汇聚了活跃在各个不同国家的女性企业家协会，在全球五大洲拥有无数代表和成员。”

在努力实现协会宗旨的过程中，NAWBO 也在积极扩大其在代表商业和职业女性方面的角色。2003 年，NAWBO 成立了 NAWBO 创业发展研究院（NAWBO Institute for Entrepreneurial Development），该研究院是一个非营利性基金会，致力于“向潜在的和现有的女企业家提供能力建设和组织发展方面的机会”。

女性领袖交流机构

女性领袖交流机构（Women’s Leadership Exchange®，以下简称 WLE）的宗旨是“向女性提供在事业、商业以及非营利性环境中取得成功所必备的各项知识、工具和联系”。WLE 成立于 2001 年，是由商业女性创立并为商业女性服务的公益创业[①]的进步组织。WLE 非常明白女性在工作环境中所面临的独特挑战，不论她们是自己公司的经营者，还是作为其他公司、政府部门或非营利性机构的领导人，都会遭遇这些特殊问题。为了应对这些挑战，WLE 向商业女性提供各种项目和活动以帮助她们弥补信息缺口，并提供场所以帮助她们建立有助于实现其个人生活和工作成功的关系。

WLE 在美国主办了大量会议，这些会议不仅邀请权威专家、著名职业培训师作为演讲嘉宾，而且还十分强调互动环节，目的是让会员们能在彼此交流

① 目前国际上对公益创业的概念尚未统一，但一般而言，公益创业（social entrepreneurship）是指企业、非营利组织等在经营过程中并非单纯追求自己的经济利益，而是将社会价值与经济价值相结合。——译者注

和探讨过程中学到更多。该组织也通过其官方网站、电话会议、电子简报、当地演讲以及其他关系创建项目，向商业女性提供了无数宝贵资源，以帮助她们在当地和全国范围内能够互相提供支持。WLE 由企业家莱丝莉·格罗斯曼（Leslie Grossman）和安德烈娅·马奇（Andrea March）共同创办。作为 20 世纪 90 年代纽约市一家领先的市场营销和公共关系公司的所有者，莱丝莉负责了一项长达 8 年的市场推广活动，使得白金首饰起死回生，成为美国新娘们首选的结婚首饰。她采取的针对女性进行营销的策略更加注重以商业女性为营销对象，这与她担任多家女性商业协会的领导人有关。这些经历包括担任纽约市 NAWBO 的主席以及妇女领袖论坛（Women's Leadership Forum）的纽约主席。莱丝莉多年来一直积极参与小型企业和妇女企业的社区活动。

作为一名女企业家和领导人，安德烈娅·马奇曾经尝试过好几个不同的行业。在从事了几年房地产销售后，她和丈夫开办了一家珠宝公司，即安德烈娅·马奇饰品公司。马奇本人对珠宝一直抱有极大热情，她同时身兼服装珠宝产品线的设计师和销售人员。这对夫妇共同经营这家珠宝公司已经有 20 多年的历史了，目前其资产已达到数百万美元。一次偶然的机会，马奇在看 CNBC 电视台的一档财经节目时，发现这个节目一点内容都没有，非常无聊，于是她萌生了想为此做点什么的念头。跟许多其他人一样，她说："我对于投资一窍不通，而且我的情况不是个例。毫无疑问，许多人都和我一样，我们有钱可以拿出来投资，但却不知道该如何做出明智的决策。"

这样就产生了投资推介会（Investment Expo），这是美国东北部地区最大的财务策略商业展或者说研讨会活动，每年都能吸引多达 1.4 万名代表参加。4 年后，也就是在 2000 年，安德烈娅认识了莱丝莉，后者参加了一次安德里亚举办的一个为期两天的活动。这两位具有丰富阅历的女企业家发现彼此均具有向跟她们一样的女企业家提供服务的强烈愿望，于是，这种强烈愿望最终促成了女性领袖交流机构的诞生。

女性电子人脉网络

在本章开头，我引用了桑德拉·扬西的一句话作为引言。扬西是位了不起的女性，最近10年间，她倾力打造了一个在帮助商业和职业女性开发战略性关系领域扮演重要角色的组织，该组织发展十分迅速。作为第一代墨西哥裔美国人，扬西高度评价了自己的母亲，认为母亲既向自己灌输了拉丁裔的传统，又赋予了她追寻梦想的勇气。小时候她从母亲身上学到的重要一课就是："给予，但是不要对此念念不忘；索取，但是要时时铭记在心。"她一直坚定地奉行母亲的这个教诲，形成了以这个教诲为核心的处世哲学，并源源不断地获得这个教诲所带来的莫大好处。

扬西本人的角色既是妻子也是母亲。1999年7月的一天，独自一人坐在办公室里的她，突然萌生了建立女性电子人脉网络的想法。她决定首先从焦点小组和研究调查相结合的方式来获得各种意见，这个过程仅仅持续了一年多的时间，然后由她个人数据库中的20位女性构成的网站eWomenNetwork.com便于2000年9月18日正式在互联网上登台亮相。该网站的核心理念就是"实现理想有赖于团队合作"。根据之前她从各种焦点小组中获取的女性的反馈，扬西发现，很多女性没有时间参加各种会议，从而无法帮助自己构建和扩大社交网络，因此，扬西的初衷只是设立一家在线社交组织而已。

但是不久之后，扬西的想法就发生了变化。健康传播公司（Health Communications）于2006年出版的《心灵鸡汤（企业家篇）》（*Chicken Soup for the Entrepreneur's Soul*）一书收录了扬西的一篇文章，名为《让女人与女人面对面谈生意》（*Let's Talk Business, Woman-to-Woman*）。在这篇文章中她解释了自己想法发生变化的原因："我发现我们部分会员渴望面对面交流。我当时问她们：'你愿意参加其他会议吗？'我这才意识到自己之前向焦点小组提出了错误的问题。"

很快，扬西在保持原先网络社交的同时，增加了一项名为"活动"（而不是“会议”）的服务内容，这向其会员提供了在线社交和线下接触两个选择，从而让会员能以自己最喜欢的方式进行连接。她说：“这种将在线沟通和线下交流相结合的方式创造了巨大成功，这是我之前从未预料到的。我从一开始的错误中学到了很多。”

不得不说，扬西的学习能力很不错。不到 10 年间，这家建立于美国得克萨斯州达拉斯市的女性电子人脉网络就成为北美地区发展最迅速的职业女性社交组织。其在美国和加拿大设立了 100 多家分会，拥有超过 60 万会员，每年为会员举办 2 000 多场社交活动，而且根据记录显示，平均每天访问其网站的人数有 20 万人！其网站被评为美国和加拿大受访问次数最多的商业女性网站。

“你可以拥有全部，但是如果没有正确途径，你就无法实现这一点。”扬西，这位拥有组织发展硕士学位的不平凡女性说道。她的成功使她登上了无数美国、加拿大报纸和杂志的版面，并且被《女性企业家杂志》（*Women's Enterprise Magazine*）评为全美五大女性和商业变革者之一。

2001 年，扬西设立了女性电子人脉网络基金会，该基金会是一家非营利机构，致力于以各种方式向没有她们幸运的女性提供帮助。每年该组织都会举办国际大会及商业博览会，大会的一项主要内容就是回顾基金会当年的工作情况，并且公布国际菲姆特尔奖（International Femtor Awards）的获奖者名单。自创建以来，该基金会就以现金补助、实物捐赠和支持的方式向其他女性非营利性组织投入了数万美元，同时还向未来的女性领导人提供奖学金以供其进一步深造。

除了领导这个快速发展的组织和应对因此而产生的各项挑战外，扬西还抽时间主持每周一次的女性电子网络广播节目，该节目起源于 WBAP 新闻台的达拉斯广播电台，而达拉斯广播电台是美国广播公司（ABC）的一个主要分支机构，且拥有得克萨斯州最大的广播听众。她还是畅销书《关系网络》（*Relationship Networking*）的作者。该书的主要观点是，“每一个成功女人的背后都有一张人际关系网”。

当被问到如何才能发展出自己的人脉关系网时，扬西回答道：“为了与你的核心选民建立起不断发展和演化的关系，你必须首先认识到并且相信‘实现理想有赖于团队合作’，当然除此之外，你的一切言行举止都必须遵循这一处世哲学。通过这种精神，你首先向他人展示了你愿意在力所能及的范围内帮助他人的性格和态度。毕竟，如果你自己都不愿意为别人做些什么，你又怎么能期盼别人为你做同样的事情呢？”

根据自身的体验和经历，扬西坚信那些成功的连接者均奉行“首先给予”的为人处世之道：“他们持续和一贯地寻找各种方式与他人分享、资源、信息和线索，而从不期冀得到别人的回报。他们充分理解这个自然法则，即为了有所收获，你必须首先给予。我们天生就知道，如果我们不计报酬地为别人做些什么，我们最终会得到10倍的好处。”

在我看来，这不过是用另一种方式重新表述了扬西在孩提时代从母亲身上学到的那一课：“给予，但是不要对此念念不忘；索取，但是要时时铭记在心。”

共同的主题

尽管我们刚才谈论的这些组织在代表各自成员方面具有各自不同的角色，但他们均体现了同一个主题。虽然字面语言有所不同，比如联盟、联合、归属、纽带、发展、合作关系及协会等五花八门，但所有这些均指向一个共同的目标，那就是进行连接和发展关系。

作为一名女性和所在社团的积极成员，我本人也参加了几个妇女组织。我曾经在女性领袖交流机构、美国女业主协会和女性电子人脉网络举办的会议上就商业和市场营销战略进行过演讲。尽管如此，在参加上述组织之前，我大部分的从商经历都是在男性占统治地位的领域。并且，我得承认，我一开始对这些女性组织中的成员彼此分享、互助的行为感到非常吃惊——她们是真心实意地帮助女性在商业上进行更好的连接和沟通。

或许，我们可以用美国女业主协会网站上的一句话来精辟地概括这些女性组织背后的强大驱动力量：“我们都知道没有人能仅凭自身的努力就获得成功……而美国女业主协会向女性企业家提供了能帮助她们实现成功的方式和途径。”

THE CONNECTORS

第四部分

缔造商业关系的有效工具

HOW THE WORLD'S MOST SUCCESSFUL BUSINESSPEOPLE BUILD RELATIONSHIPS AND WIN CLIENTS FOR LIFE

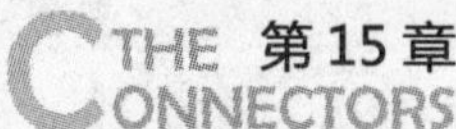

如何利用Outlook、ACT和其他客户关系管理软件

管理和跟踪关系的策略

请注意，本章并不是教你复习如何使用这些客户关系管理软件。我们关注的是用一些简单、独特的策略，以处理我们每天都在从事的工作，即用这些程序工作并且尝试管理我们的商业关系。

不论使用什么软件，关键是你要明白它们只是一个工具而已，这一点必须牢记于心！为了有效地使用任何一种客户关系管理软件，你必须首先有一个有组织的策略。这些软件程序会向你提供某些帮助，可是它们不会替你完成工作。然而，好消息是，只要你稍作准备，几乎每一个好用的客户关系管理软件都可以让你与他人的连接变得更加轻松。

“我发现，通过客户关系管理软件管理我的工作后，我的工作效率有了很大提高。”埃里克·西玛（Eric M.A. Cima）兴奋地说。埃里克是位于伊利诺伊州特瑞纳财务集团（Tranel Financial Group）的运营副总裁。他进一步谈到：“更重要的是，这些客户关系管理软件让我们的团队变得更高效。我们的全部工作就是与客户进行沟通并且服务客户。我们依赖于从现有的客户处获得推荐，当然前提是让这些客户对我们的服务感到满意。我们必须有合适的工具帮我们处理这些事情，并且对我们的客户关系进行有效地管理。”

管理电子邮件的策略

红色地带营销公司每天都会收到非常多的电子邮件，以至我们很难根据优先次序来管理、回复这些邮件，或是迅速地找到发件人的信息，或是很容易地跟进所有邮件。我们已经发现，解决上述问题的最好办法之一，就是在收到上述邮件时按照一定的分类标准将它们归到相应的文件夹内，然后再采取恰当的行动。

你可以创建一些具有普遍适用性的文件夹，包括“稍后响应”“稍后阅读”“主题分类（如市场营销）”等。然后你可以将邮件分别归到这些不同的文件夹中。还有一个能给你节省大量时间的方法是创建一个名为“仅供参考”的文件夹，它可以用来归置其他人抄送给你的邮件，即你不需要采取任何行动而别人只需要你了解的邮件。待在你收件箱中的邮件应该只是那些需要你立即回复或做出其他响应的邮件，以及你尚未进行归类的邮件。进行上述归类整理后，你每天花在回复邮件上的时间不会超过 15 分钟。这个过程要求你能严于律己，严格按照规则进行归类。如果你没有建立类似的计划，你可能会将一整天的时间都花在不断地处理最新收到的但是不怎么重要的邮件上面。

而对于那些内心深处知道正确做法（即对邮件进行分门别类管理）但缺乏自律能力的人而言，最可行的办法就是将管理邮件的任务委托给你的计算机。微软的 Outlook 软件就具有诸如“筛选”和“规则”等强大功能，可以自动为你执行上述工作。这样一旦你建立起了邮件分类规则，你就不必每次在收到新邮件时都考虑如何处理这些邮件。例如，你可以将来自于某个特定发件人的全部邮件或有关某一主题的所有邮件都自动归类到我们刚刚谈到的这些文件夹中的任何一个（包括“已删除文件夹”）。你也可以让它们都待在你的主收件箱中，但是应该将同一主题或来自于同一个人的邮件都用同一种色彩显示，这样你就能对哪些邮件之间有关联一目了然，并可以同时处理这些具有相同主题的邮件了。

毫无疑问，那些直到今天仍然存在并且被很多人使用的软件程序都具有强大的功能，而我们绝大多数人可能最多只挖掘了其 20%~30% 的功能。你可以设想一下，如果我们学会了更好地利用这些软件程序，并且掌握了其 80%~90% 的功能，我们的工作会因此而变得多么便捷啊。多向你周围的人学习一下如何充分利用这些软件的各种功能，或者花时间参加一个培训班——在线培训、实体培训或通过 CD 来学习都行。你只需花费不到一个小时的时间就能学会如何使用这些极其有用的工具，而你一旦挖掘出这些软件的大部分功能，它们就可以在今后的工作中帮你节省成百上千个小时的宝贵时间。

迅速查找以前的邮件

许多职场人士喜欢用微软的 Outlook 软件来收发邮件。最近，一些连接者对一款免费的应用程序大力称赞。这款应用程序叫“Xobni”，能帮你迅速查找以前的邮件，不知道你看出来了没有，“Xobni”是收件箱（Inbox）的反向拼写。Xobni 公司取这个名字的深意是为了让客户对公司的宗旨一目了然，即帮助用户便捷地查找电子邮件收件箱里的过往内容。Xobni 是一个用来搜索电子邮件、附件及其他重要信息的先进工具，我本人也在使用这款软件，发现它对于查找电子邮件、联系人甚至是“关系”本身都非常有用。

Xobni 的一个有趣功能是它能为每一位向你发送邮件的人创建一个个人档案。这些个人档案的内容包括关系数据、联系信息、社会化媒体联系信息、贯穿某一主题的多次沟通及共享附件等。用户们反馈说，Xobni 让收件箱的工作方式跟他们大脑的运转方式一模一样。举例来说，这款应用程序让我知道自己回复一封邮件的速度有多快——在红色地带营销公司工作的丹尼丝·彼得森（Denise Peterson）是一个重要家伙，因为平均而言，我在收到她邮件之后 4 分钟之内必定会回复她。但是 Xobni 提供的最令人叫绝的关系工具不是这些出众的分析方法，而是它能对你正在阅读的邮件的发件人进行搜索，并向你提供联系人信息、LinkedIn 联系方式、Facebook 上的简介甚至这个人的照片。Xobni 会在你计算机屏幕的右侧显示这些极为有用的信息，以及发件人所在公司的其他信息，我简直爱死它了！

OneNote，管理大师

这是一款功能强大的软件，它能帮助你管理各种不同来源中的信息，并且在你需要的时候马上就能从你的指尖上跳出来。OneNote 被设计成一个数字活页笔记本形式——容量要多大有多大，因为你可以随意加入页、标签和笔记本。你可以像翻动真正的纸质书一样翻动这些活页（是的，如同你把大拇指放在纸的边缘然后翻动起来一样）。你可以在 OneNote 上随手输入相关笔记内容，而如果你有一台平板电脑，你甚至可以亲自在 OneNote 的每一页上面书写。这个工具跟真正的纸质笔记本相比，最大的好处就是，如果你想把信息增补在笔记本之前的某一页或某一段中，你可以很容易地返回到你想添加信息的地方，并且通过插入一个空白空间来输入新的笔记内容。这样，原先的内容和你最新增加的内容就实现了无缝融合，而不像在纸质笔记本上那样，你得在笔记本最末端记上新增的内容，然后用长长的线条和箭头指到原先做笔记的地方。

除了文本内容，你还可以用 OneNote 捕捉图片信息（照片或你自己画的图案都可以）。你也可以把音频和视频记录添加到 OneNote 上。最新版本的 OneNote 甚至支持在音频文件上搜索关键字词。你可以将笔记本的任何一页链接到其他页面上，这样你只需一次性写下相关内容，然后就可以在其他多个地方引用之前记录的内容了。

OneNote 能与 Outlook 进行很好的同步和兼容，因此你可以很容易地将某封电子邮件发送到一个笔记本页面中，这样你就可以在会议上将电子邮件作为参考资料使用了。你可以设立标签，进而明白应该把这件工作分配给谁来处理，或者提醒自己看看某个讲义或是买一本与笔记内容相关的书籍。你可以很方便地对这些标签进行分类管理并查阅，同时可以利用它们提醒自己核查已分配给他人的工作的完成情况。你还可以通过 Outlook 在 OneNote 上为自己创建工作任务或将其分配给他人处理，这样就可以利用其自动跟踪功能了解情况了。

关系管理策略

AccuQuote 是一家定期人寿保险公司，其营销和商业开发副总裁肖恩·切尼（Sean Cheyney）开发出了一些简单而实用的关系管理策略。切尼不仅负责掌控公司整体上的营销活动、战略性合作伙伴关系及获取客户，同时还直接负责开拓和维护与所有广告商和合作伙伴的关系，以帮助提升公司的形象和宣传公司的商业模式，因此切尼每天会收到海量的电子邮件就不足为奇了。

“每当我参加一项活动时，我都会提前准备一个与会人员的名单，”切尼解释说，“我将已经认识的人用同一种颜色标识出来，而将我想在活动中认识的新面孔用另外一种颜色标识出来。活动一结束，我就会在这份人员名单上加备注。然后到了晚上，我会打开 LinkedIn 向白天刚认识的人发出个人邀请以建立关系。”毫无疑问，这是一个非常简单并且十分有效的策略。在收到其他人的回复、其他人愿意进行连接的意愿以及再次碰面的基础上，切尼的人脉关系网不断发展壮大。切尼说：“我也积极寻找机会帮助他人与我认识的人进行连接。”

此外，为了进行更高等级的管理，联系信息应被录入客户关系管理数据库程序中。你可以参照关系管理小贴士中的要求进行：

1. 将基本信息输入数据库中

- 输入姓名、地址、固定电话、手机号码、电子邮件、社会化媒体联系方式和网站。

2. 输入备注和个人关键信息

- 在你还记得这些信息的时候就要及时进行这项活动，否则你录入的信息很可能不正确，而不正确的信息肯定会带来错误的结果。

- 记录重要和引人注目的事情。
- 总结这次会议或电话所涉及的本质问题。

3. 安排活动

- 在与某人进行接触和联系后，要学会继续安排能跟他们保持联系的相关活动。
- 将电子邮件直接拖到你的工作任务中，这样你就不需要重新写一遍相关信息，或是重复进行复制、粘贴的行为。

4. 每周制作“连接者清单”

- 列出上周与联系对象进行通话的所有记录。
- 列出本周待执行的与关系相关的活动。
- 列出潜在的机会（即潜在客户）以查看是否有相应的跟进计划。
- 列出本周和上周的预约，以查看是否有额外的准备或跟进措施。

客户关系管理软件概况

微软客户关系管理系统

- 能适用不同用户的不同商业模式。
- 具有修改和创建表格功能，以符合用户的不同业务需求。
- 强大的工作流服务。
- 易于与 Outlook 一体化运行。
- 强大的数据挖掘功能（即高级查找、细分功能）。
- 营销清单（类似群组功能）。
- 记录和追踪个人信息及爱好等。
- 活动功能，记录并追踪某个具体的营销活动。

ACT!

- 客户关系管理类型非常出名。
- 便于与各种微软办公软件一体化运行。
- 独特和强大的销售预测工具和图表。
- 简便易行的即时定制化。
- 添加标识和颜色布局的功能以符合用户的不同业务需求。
- 内置仪表盘：让你对需要做的事情一目了然。
- 便携性：绝佳的手机应用。
- 群组功能（也包括子群组功能）。

Outlook

- 便捷和强大的日历功能。
- 方便对工作任务和电子邮件进行分组和管理，以适用不同用户的需求。
- “一站式服务”：你可以在浏览网页时转到客户关系管理而无须切换程序。
- 集中了多项附加程序。
- 便携性。
- 具有一些比较隐蔽的宝贵功能，比如记事本功能、可移动阅读窗口及拖放操作等。
- 色标／分类。

Sales Logix 客户关系管理软件

- 内置仪表盘功能。
- 能够与后台办公会计软件一体化运行。
- 创建和跟进多渠道活动。
- 综合服务提醒功能以帮助你监控所有重大商业机遇。

THE CONNECTORS

第16章

圣诞贺卡不管用

考虑个性化的沟通方式

任何人都知道，沟通是非常重要的。但是要想对我们已经建立或打算建立的商业关系进行有效响应，或将这些商业关系保持下去绝非易事。彼此之间交流海量信息虽然是一种有效的沟通方式，但这也无法替代更富个人色彩的个性化交往方式所发挥的奇妙作用。当我们与商业合作伙伴进行联系和交往的时候，我们需要考虑是采取冷冰冰的一般信息交流，还是因联系对象不同而不同的极富个性化的交流方式。

让我们设想一下下面这个场景：

你在一个商业会议中认识了某个人，你们就彼此业务之间存在的协同作用进行了饶有趣味的交谈，并且还讨论了今后共同合作一些项目的可能性。你甚至在会谈结束后，邀请对方在天气情况允许时去你的俱乐部一块打高尔夫球。你感到你们两个人之间已经建立了关系，并对与对方建立的商业关系能给你在今后带来的商机而感到无比兴奋。

第二天，你向昨天刚认识的这个人发去了一封热情洋溢的电子邮件，概括了一下昨天的谈话内容，并且加进了你对双方合作的几点新看法。但是你收到的不是对方对你电子邮件的亲笔回复，而是对方公司的电子简讯，也就是说，你已经被对方自动加到电子简讯发送名单中了。你的热情受到了一些挫折。每周你都会收到这么一封电子简讯，但三周过去了，你还是没有收到对方包含任何个人问候和信息的电子邮件。这个关系破裂了，你们之间的关系竟然是无效的，你感到失望至极。从这个案例可以看出，你们之间不能说没有沟通，但却缺乏有效或有影响力的沟通。

一流的连接者可能会对此嗤之以鼻："我从来不用那种方式与别人沟通！"我想他们说的是真的。但是不可否认，上述情形发生在我们很多人身上，包括我本人也曾经受过这种情形的困扰，并且这种情形发生频率之高远远超出相反情形的出现次数。即使我们已经亲自接触过，我们之间的关系也需要不断维护。如果没有系统化且体现个人特质的沟通方式，那么我们谈到的这些跟进措施就会消失在我们紧张而繁忙的工作和生活中。就好比你寄给母亲一张生日贺卡却没有署名一样，你母亲根本不知道是你送给她的贺卡。你的确寄出了贺卡，但除了负面效果之外，这种举动很可能产生不了什么好效果。这诚然是一种沟通的尝试，但却没有留下你鲜明的个人特色。我们必须正视这个现实，即关系就是关系，在商业关系中缺乏个性化的连接和沟通就意味着这不是真正的关系——从商业层面看也是如此。

与客户沟通

从关系建立之初，你就必须计划如何通过积极的个人沟通给客户带来惊喜，并且让他们产生愉悦感（你的目标是让他们情不自禁地说出"哇"）。在今天这个世界上，你越频繁地联系客户，你与他们之间的关系就越牢固。在与他们进行连接的过程中，你必须遵守以下这些步骤：

- 安排一个电话预约；
- 主动打电话给客户；
- 每次碰到认为客户会感兴趣的事情，都不要忘了发邮件告诉他们；

- 邀请客户参加相关研讨会；
- 邀请客户吃午饭或参加其他社交活动；
- 邀请客户参加在你的办公室举行的会议；
- 向客户邮寄一封你亲笔写的信。

即使你的人脉关系网非常庞大，你也可以采取化整为零的方法定期与不同的人进行连接和沟通。史蒂文·布尔达（Steven Burda）是波音公司财务规划和采购部门的一名员工，也是一位一流的连接者。布尔达的关系网中有 40 000 人，且在 LinkedIn 网站上有超过 1 200 条推荐。我曾经问过他是如何成功地与这么多人保持有效的沟通和连接的，他回答道："我可没能耐同时与 1 000 个人进行联系……但每周安排与 10~20 人进行联络一点问题都没有！我所做的只不过是安排有共同商业利益的人见面并进行联系。"

充满个性化的沟通方式

属于你的视频或音频

你的沟通渠道也可以拿来作为"教育"工具，即你可以在自己的网站上建立一个链接，用来指向一些关于商业、本行业或客户可能感兴趣的视频、音频播客，这些播客不用太长，几分钟即可。然后你可以向客户发送一封包含这个链接的邮件，以告诉他们你网站的播客有了哪些更新，鼓励他们点击链接，并分享你上传的信息。当你成为开口对客户讲话的人时，你就可以比单纯在自己网站上写写东西更能向客户传达个人层面的沟通，尤其是当你能定期更新这些播客的时候。

安德烈亚·西廷－罗尔夫（Andrea Sitting-Rolf）是商业开发咨询公司西廷公司（Sitting Incorporated）的创始人，也是 3 本有关闪电式开拓客户和商业扩张经验书籍的作者。她已经发现了与其《财富》世界100强客户保持良好沟通的方法，这些方法让她享受到了成功的喜悦。她说："每个月我都会定期向精心挑选的客户发送包含有价值信息的视频提示。"她定期出现在最重要的客户面前，并亲自向他们传递有价值的信息。

电话会议或网络会议

就共同关心的问题定期主持电话会议或网络会议进行讨论，也是一种亲自与客户保持联系的有用方式，因为你是提供这些信息的人。但是你是否曾经接到过，主动邀请你参加即将举行的某个电话会议的电话呢？

不久前的一个晚上，我和孩子们坐在客厅聊天，这时电话响了，是一个录音电话，通知我如果愿意，将在30秒钟内把我接入一个电话会议中，会议主角是本州的国会女议员梅莉莎·比恩（Melissa Bean）。虽然我清楚自己并没有预先登记过要参加这个电话会议，但是因为我之前曾与比恩进行过接触，所以我想我被她加入了联系人名单中（这可能就是为什么我会接到这个录音电话的原因吧）。出于好奇，我同意参加这个会议。我打开了电话的免提功能，这样孩子们和我都可以听听会议内容。结果证明，这是个非常有趣的电话会议，我和孩子们都觉得很有收获。与会者提出了很多问题，比恩也一一予以详细回答，包括本州经济状况和其他可能会影响每个人的事情。我们每个坐在电话旁边的人甚至可以通过按"0"键向比恩提问（虽然我自己没有这么做）。

现在，许多电话会议服务能让会议主办方在会议开始之前打电话询问潜在的会议参加者是否愿意参加这个会议。尽管我个人认为，在电话会议之前请有兴趣参加的人提前预约的形式比较好，但我还是非常享受这种被"突然"通知是否愿意参加即将举行的某个电话会议的机会。因为，这个礼貌的举动传达的是希望你参与的信号,但也给你留下足够的空间来拒绝而不会损害双方的关系。并且，我自己也感到有点吃惊，我竟然接受了，并且全程参与。记住，要时刻想办法激发客户的好奇心，谁知道接下来会有什么精彩事情发生呢？

与众不同的活动

主办一次令人印象深刻的活动并邀请你的客户和潜在客户参加，有助于帮你建立并加深彼此之间的关系。在充满高度竞争的公共关系和沟通行业，一个公司需要通过被别人记住才能取得最终的胜利。位于华盛顿特区的施特劳斯无线电战略公司（Strauss Radio Strategies,Inc.）经过无数次实践证明，在客户关系上走得更远是完全行得通的。该公司被公共关系行业以及政治人士广泛认为是通过广播进行公共关系和政治沟通的高手。

“让关系走得更远可以有很多种不同的方式，”施特劳斯广播策略公司的创始人理查德·施特劳斯说，“每次我都会毫不迟疑地向客户表达我的感激之情。”

这家公司去年为一家合作已 13 年之久的客户，即 TMG 战略公司（TMG Strategies）举办了一场别开生面的冰激凌聚会。双方在过去的 13 年间里，已经携手为 TMG 策略公司的许多《财富》世界 100 强客户成功运作了多个项目。施特劳斯广播策略公司希望以一种积极和独特的方式向 TMG 策略公司及其总裁丹·麦金（Dan McGinn）表明他们是多么看重 TMG 策略公司。因此，2008 年 10 月，他们邀请 TMG 策略公司的全体员工参加了一个特殊的冰激凌聚会。这个活动的深层含义是让客户在长期合作关系中呼吸到新鲜气息。通过向两家公司的员工提供一个尽情玩乐和放松的机会，每个参加的员工，不论他是来自施特劳斯广播策略公司，还是来自 TMG 策略公司，都再一次感受到了他们能在一起合作的原因，以及他们从双方合作关系中获得的巨大发展。

“在聚会开始前，我们站在大门口亲自迎接每一位 TMG 策略公司的员工，既欢迎已经合作过的人，也很高兴认识许多新面孔。我和员工们甚至站在一个全功能冰激凌吧台后面亲自向 TMG 员工供应冰激凌！”施特劳斯说，“接着，我邀请丹发表一个简短的讲话。这成为双方员工共同回顾 13 年来亲密合作的绝好机会，也让我们更加明白这种长期合作给双方带来的成就是多么令人震撼。”

事实证明，这个活动非常成功，并且给所有人都留下了深刻印象。聚会上，人们拍摄了大量照片，这些照片被汇编成册，并发送给 TMG 策略公司的总裁和员工们。

“许多 TMG 策略公司的员工告诉我，他们被这个活动深深地感动了，并且经常时不时地回想起活动上种种有趣的事，”施特劳斯说，“我们以一种非常积极的方式结束了双方在 2008 年的合作，这给 TMG 策略公司提供了强大的动力以继续在新一年里与我们保持合作。”

通过这些超越客户期望的活动，施特劳斯广播策略公司大大加强了与其合作 13 年之久的客户之间的关系，并且这种客户关系毫无疑问将继续保持下去。

邮寄特别的东西或礼物

如果想让客户一直对你保持深刻的印象，那么给他们邮寄一些令人难忘的小东西是必不可少的。不要仅仅寄一封信，信里说“保持联系”之类的话，你还可以考虑随信寄一些其他东西。

辛西娅·布莱克韦尔（Cynthia Blackwell）是一位 6 个孩子的母亲，她一手创办并经营着一家资产达数百万美元的公司——位于佛罗里达州奥兰多市的 AOK 网络公司（AOK Networking）。该公司能在竞争异常激烈的商业计算机网络领域取得不俗表现，与她跟客户及潜在客户进行连接的独特方式密不可分。布莱克韦尔会亲自邮寄烘烤好后的食物给客户，并附上一张小卡片，卡片上会写着：“希望今天能让你感受到 AOK 的气息。”她亲自给客户唱生日歌祝他们生日快乐，亲笔书写信件并寄给客户，而且几乎从来不把发送电子邮件作为与客户进行连接的主要方式。她在绝大部分人都抛弃上述传统做法时反其道而行之，并且取得了巨大成功。

银勺子个人理财师公司（Silver Spoon Personal Financial Officers）的 CEO

赛思·格林（Seth Greene）坚持每个月与客户联系三四次，目的很简单，就是为了与客户联络感情。他也会向客户寄送亲笔书写的信和明信片，甚至会在情人节向客户送出珍珠项链。或许，在格林与客户进行连接的多种方法中，最令人印象深刻的就是他向客户邮寄出自他两岁儿子马克斯之手的信。有时，马克斯会在信中写道："爸爸有一阵子没有收到您的来信了。"而有时马克斯又会直接要求客户推荐爸爸给别人。信件会附上一张马克斯的近照，并且笔迹看起来跟一个两岁小孩儿写得没什么两样。在格林采取的众多联系手段中，客户对马克斯信件的响应率是最高的。

格林和他的公司也经常举办一些别开生面的活动，比如三月份邀请客户到著名的圆石滩高尔夫球场打高尔夫球，而不是在纽约州布法罗水牛城的市内高尔夫球场随意挥几杆子）；他们还常常向客户寄出带有公司标志的临时文身，请求客户把这些临时文身贴在身上并且照相留念。如果客户照做了，格林会奉送一盒巧克力作为答谢。这既富有情趣，又有助于业务维持和开拓。格林是美国一流的财务专家，其业务一直在持续不断地增长。从我们上述介绍中，你应该知道这其中的原因了。

通过社会化媒体进行连接

对想通过社会化媒体进行沟通的人们来说，或许最茫然的就是决定使用哪个社会化网站，以及在其中扮演何种活跃程度的角色。仅仅在上面设立一个账号，然后圈定一个虚拟空间作为自己的个人网页是远远不够的。为了充分利用这些社会化媒体的强大力量，你还必须：

- 确保及时更新你在社会化网站上的简介；
- 定期（每天或每周）在你的个人网页上放一些对你的联系人有价值的信息，并且每天选择几个联系人进行情感联络（而不是试图卖东西给他们）。

与潜在客户保持沟通

沃德集团（Ward Group）是一家位于得克萨斯州达拉斯市的广告公司。对这家公司乃至整个广告行业来说，营销活动一般无法起到立竿见影的效果，因为商品的销售周期十分漫长。潜在客户并不会定期到市场上到处寻找广告公司，并且很多公司甚至好几年都不会更换现有的广告合作伙伴。“在我印象中，我经历过的最长的一次客户开拓周期，你猜花了多长时间？或许你不相信，从第一次与他们接触到最终获得这家公司的业务，我整整花了6年的时间，”沃德集团总裁罗布·恩赖特（Rob Enright）说，“在与这家公司的决策者进行初次接触并意识到他们对其目前的广告公司很满意时，我并没有放弃，而是继续开展了一系列接触和连接活动。不过，我当时可没有想到这需要花费好几年时间。”

恩赖特从来没有试图向这个客户推销自己，他所做的只是每年向客户决策者寄送生日贺卡、发送有关客户所在行业或该行业发展趋势的文章，以及他能想象到的所有对方可能感兴趣或认为有价值的信息。他说“有一天，我接到他的一个电话，我们见面了，一杯茶下肚后，他把公司的全部广告业务都交给了我，甚至没有对我们公司进行竞争性审查或要求我们做一个方案出来。我所付出的成本只不过是一杯茶，以及6年来持之以恒的联系。”

像恩赖特这样的成功故事的确会发生，但如果事前没有一个详尽的计划，人们往往会半途而废，有些人甚至只在进行了几个月的联系而未收到明显回报时就会选择放弃。我觉得我们应该树立这样的意识，即与他人进行连接时，花费的与其说是你的金钱，不如说是你的时间。恩赖特与上述客户的关系之所以能存在，是因为恩赖特坚持6年如一日，愿意花费时间与客户进行连接（当然代理商就是客户感兴趣的信息）。以这种方式，他牢牢占据了客户脑海中的首把交椅，并在客户想变更广告代理商时，顺其自然地成为客户独一无二的选择。

与整个组织进行连接并把大家集中起来

1997 年，亚特兰大市房地产专家迈克尔·伊斯门（Michael Eastman）创建了一个叫作“常青藤团队”（TeamIvy）的组织。该组织建立于常青藤盟校闻名于世的“老同学网络”基础之上，是亚特兰大市的职业人士网络组织，其成员包括 2 000 多名毕业于常春藤盟校、七姐妹学院[②] 及其他优秀名校的社会精英人士。

伊斯门通过向常青藤团队的成员提供高质量的且与常青藤相关的活动来与这个组织进行连接。该组织举办的商业网络早餐和午餐会（Business Netwoking Breakfasts and Luncheons），既有演讲嘉宾和筹款人士，也有 8 人一桌的餐会，当然还少不了葡萄酒品鉴、签名售书活动以及其他社交活动等。每年 10 月，500 多名成员会在亚特兰大齐聚一堂，共同欣赏烂漫的秋天落叶风光，并且观看经验丰富的马球选手身着常青藤盟校 T 恤，在阿尔法里塔市的马球场上一展身手。

在维持像常青藤团队这样的人际关系网络的过程中，伊斯门特别注重高品质和专业性。他每个月都会花好几天时间编纂组织的简报，还会花更多的时间与常青藤团队的志愿者们进行连接，以组织高品质和有吸引力的活动。

“我寄出的每一份简报以及上面的每一个活动都是公关行为，并且直接体现了我本人，”伊斯门说，“这就是我在房地产行业不断获得成功的保证。即使在目前经济形势不乐观的大环境下，我依然能为八九位拥有较多预算额度的高端客户提供服务。”

2008 年 11 月，伊士曼将常青藤团队搬到了 Facebook 上，并为其创建了一个专门的网页。最近，几个年轻的常青藤盟校毕业生又创建了一个常青藤团队的附属组织，命名为“年轻常青藤的又一个去处”（Young Ivy Plus），它也拥有自己的网站并推出了 Facebook 网页。这两个组织在 Facebook 上的成立时间都不到一年，但其发展速度却超乎所有人的想象。

---

① 七姐妹学院是指七所早期附属于常春藤盟校的女校。——译者注

伊士曼尽量避免过多地向常青藤团队的成员们发送电子邮件信息，通常每个月不会超过一次。但是在 Facebook 等社会化网站上，情况完全不同。在那里，人们期望得到定期和非正式的沟通。“商业网络早餐会已经举办了 12 年，而社会化媒体让这些历史悠久的项目和活动重新焕发了青春活力。当我们开始在 Facebook 上贴出活动通知时，我们的与会人员数量几乎翻了一番。”

3 种联络策略

为了与客户进行连接，你可以采用以下 3 种策略，这 3 种策略都很容易理解和执行。尽管如此，当我们仔细观察那些保持了良好客户关系的商业人士时，我们发现，他们的难能可贵之处在于能坚持不懈地始终以一种极具个性化和充满人情味的方式将这些策略付诸实施。

1. 继续跟进

在与某个人或某个公司结束会面、电话或接触后，不要忘记采取一些跟进措施。这些跟进措施包括亲笔写信给客户、向客户发送电子邮件、在社会化媒体上进行连接，或者主动给客户打电话。最重要的是，一定要将这些后续行动系统化，而不要有一搭没一搭地随自己的心情随意进行。

2. 定期与单个人士进行联络

定期与现有的联系人进行单独并且系统化的沟通，以保持和维护双方之间的关系。

3. 组织多人聚会或其他活动

组织一个针对很多联系人的多方活动。你可以用客户关系管理软件安排所有这些连接活动，也可以使用外部的客户沟通矩阵。这个矩阵可以是一张工作表格，你可以在上面记录每个月与最重要客户进行的连接和沟通。该矩阵有一个好处，就是为了满足不同客户的不同需求，工作表格可以不断进行更新。

第 17 章

用演讲技巧来发展商业关系

不同演讲场合下的关系策略

你的表现或传达的信息不是人们记住你的理由，人们也不会记住你的行为举止或你的穿着打扮，除非你的演讲内容与他们相关，否则没有任何事情对他们来说是重要的。

—— 乔尔 · 韦尔登 (Joel H.Weldon)

励志演讲家

因为我的工作性质和作为美国国家演说家协会会员的关系，我有幸聆听了一些世界上杰出的商业人士所做的精彩演讲。我注意到，这些人的演讲与普通人的演讲有一个根本的区别，那就是这些演讲次数最多的演讲者能在演讲之初立即与听众建立关系和默契，并且可以在整个演讲中持续保持这种状态，也就是说，他们能从头至尾吸引听众的全部注意力。

会说话的人才是最后的赢家

一流的连接者能够获得别人的尊重，让自己的想法更快地被别人理解，并且往往能完成更多的销售任务。他们甚至能让那些与他们尚未谋面并且将来也没有机会见面的人产生一种亲自接触的感觉。实际情况的确如此，那些能有效表达自己想法的人更可能在商业中获得进一步发展，成为世界上最大公司的掌舵者，或者被选举为我们的政治领袖。

在《杰出的演讲者》(*The Exceptional Presenter*) 一书中，作者蒂莫西·凯格尔 (Timothy Koegel) 引用了《企业雇主调查》(*The Corporate Recruiters Survey*) 的研究成果。该调查每年由美国管理专业研究生入学考试委员会 (GMAC) 发布，并刊登在《华尔街日报》上。《企业雇主调查》以公司招聘专员与某商学院的 MBA 学生所进行的联系为依据对商学院进行排名。这些招聘专员根据 21 项特质对 MBA 学生进行评估，其中最重要的特质（被 89% 的招聘专员列为评估因素）是"沟通及人际交往能力"。

"拥有杰出沟通能力的人在争取新业务上具有非常明显的优势，而这种能力也是获得最好职位的有力保障，"凯格尔说道，"在困难重重的经济局势下，他们这个优势甚至更加突出。"

与客户进行连接并建立有价值关系的原则，跟杰出的演讲者与其听众建立关系的原则如出一辙。演讲的艺术实际上是建立连接的具体化，一个杰出的演讲者能在极短的时间内运用全部这些原则，并且达到出神入化的效果。在演讲过程中，演讲者所传达的某些信息，能使听众与演讲者在情感层面上相连接，进而驱动听众做好准备以采取某些行动。

在本书第二部分，我们介绍了红色地带营销公司的"连接者公式"，同样的原则也适用于演讲，只不过顺序稍有不同罢了。

适用于演讲的连接者公式

第一，多问有助于建立关系的问题。了解你的听众。在演讲之前事先提些问题以发现听众所关心的重要问题、面临的主要挑战、尚未表达出来的内心真实想法，以及其他需要特别关注的其他因素。

第二，拥有共情力。贯穿于一个具有吸引力和影响力演讲始终的，是向听众提供一些他们关心的信息，一些对他们而言很重要的事情，或者一个让他们关注你演讲内容的充分理由。请记得问自己这个问题："为什么这对我的听众而言是重要的？"

第三，倾听！充满好奇地倾听。杰出的演讲者会在演讲过程中"倾听"听众的非言语反馈和暗示。我们中的绝大多数人肯定都曾经参加过一些非常失败的演讲，之所以说它失败，是因为演讲者无法与我们这些听众进行连接，而更可悲的是，那些演讲者甚至都没有觉察到这一点。同样地，我们作为演讲者时，也会有跟听众失去情感联系的时候，而一旦意识到这一点，我们应该马上返回到上述第二条原则以挽救这种糟糕局面，即我们必须重新考虑什么内容才是听众最感兴趣的，什么内容对他们来说才是最重要的，并根据思考结果调整演讲思路，否则我们只会让这种糟糕的局面更加恶化，并最终完全破坏听众与我们之间的连接。

第四，让生意自动完成。如果演讲者向听众提供了一个引人入胜且激情四射的演讲，听众们就会被折服，就会希望与演讲者进行商业往来。这不得不归功于演讲者与听众之间建立起的那种强烈的连接。

第五，创设难忘的体验。如果演讲者能通过故事、信息及解决方案真正吸引听众的注意力，那么听众就会对这次演讲印象深刻，从而不会如过眼云烟般将之抛诸脑后。你可能想象不到，有些演讲者甚至能对相隔遥远的听众产生巨大的影响力，使这些听众沉浸在亲临演讲现场的感觉中。

在我有幸听过的所有演讲中，我认为下面这位演讲者的演讲最为出色，而这个人很可能你们都没有听说过。他不是职业演讲者，也不靠收取演讲费为生（事实上，他可能从来没有因为演讲而收取过任何费用）。他之所以进行演讲，是为了让自己的观点被大众了解和熟知，以帮助他的公司开拓业务。他演讲的目标人群只限于他的行业内部，因此除非你是一位财务专家，否则你可能没有机会聆听他的演讲，他就是克里斯托弗·米（Christopher Mee）。米是恒康可变年金公司（John Hancock Variable Annuities）的高级副总裁，他定期向财务专家、客户和同事进行演讲。

是什么成就了米作为杰出演讲者的地位呢？答案就是他与听众建立起的极具说服力的连接。不论什么时候做演讲，他似乎都能紧紧将听众抓牢在自己的手掌中。他激励他们，启发他们，让他们充满自信，并提供解决方案给他们。无数的听众被他吸引，我曾经亲眼看到听众对他佩服得五体投地，并纷纷离开座位将他团团包围。结果，他甚至都没有开口推销自己公司的年金，听众们就已经纷纷主动购买了。尽管米本人的确具有演讲天赋，但是他也定期学习和提高演讲艺术，并最终练就了令人惊叹的演讲本领。他参加了很多关于演讲的培训课程，阅读了每一本他能找到的关于演讲艺术的书，并且在演讲之前、之中和之后都非常关注自己的演讲内容。

几年前，在我参加的一个研讨会上，与会的财务专家们排着队等待聆听米的演讲。这些财务专家当时正在参加一个分组会议，他们可以在同时进行的 10 场演讲中自主选择加入哪一个。因为当天晚些时候我也会发表一个演讲，因此我提前到达会场查看场地。当我走入米的演讲房间时，我看到了一幅其他 9 位演讲嘉宾梦寐以求的场景：房间里座无虚席，连过道里都坐满了人，在米开始演讲时，甚至连门外都挤满了热情的听众。米的开场白是这么说的："今天我想跟大家分享一个策略，这个策略已经给其他财务专家带来了 100 万美元的收益。"不愧是大师级的演讲人！你还能想到比这句话更吸引人的开场白吗？

围绕听众关心的问题设计演讲

这可能听起来有些违反常理，但是如果你能在一个销售演讲中将 70% 的时间用于讨论听众们所面临的主要挑战，然后自然而然地将这些挑战与你提供的产品或服务相连接（具体来说，大约 20% 的时间用于介绍你的解决方案，剩下 10% 的时间号召听众采取行动），那么你将有一个设计得非常完美的演讲内容，这种演讲才能真正吸引听众。演讲，即使是一个销售演讲，也不应该一味地谈论你自己或你的产品，而应该将重心放在听众上面。我见到过的出色演讲者，无一例外都会在演讲中花大量时间与听众讨论他们所遭遇的各种挑战，并取得听众的共鸣。能对听众产生影响的演讲，是演讲者和听众之间的沟通桥梁，并最终以听众采取某种行动而告终。

通过提问了解听众关心的问题

在面对听众发表演讲之前，你必须首先通过提出大量问题来发现他们最关心的 10 件事情。即使这些考虑跟你的演讲内容一点关系也没有，你也要想方设法将它们纳入你的演讲和解决方案中。你找到的结合点越多，你的演讲对他们的影响力和吸引力就越大。

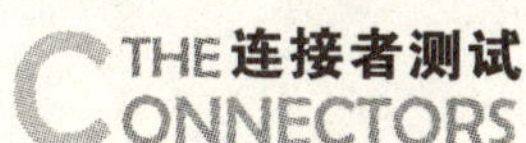

列出听众最关心的 10 个问题：

1. ______________________________
2. ______________________________
3. ______________________________
4. ______________________________
5. ______________________________
6. ______________________________
7. ______________________________
8. ______________________________
9. ______________________________

10. ____

通常情况下，你完全有可能将其中的一两个问题与你的演讲内容相挂钩，并把你的产品或服务作为该问题的解决方案。

精心组织演讲内容

一个有吸引力的演讲是由3个不同部分组成的。不论是一个5分钟的演讲，还是一个持续一整天的演讲，你都可以用“面临挑战—解决方案—号召行动”的模式来组织演讲内容：

- 说明听众面临的挑战；
- 提出你的解决方案；
- 呼吁听众采取行动。

开场白决定一切

第一印象会持续到永远？即使这个结论只是部分正确，你在演讲中说出的第一句话也可能决定你如何与听众进行连接，并且吸引他们到何种程度。

“我想让听众从一开始就能仔细听我演讲，因此我总是努力给他们一个理由，以吸引他们的注意力，”米如是说，“我会用一个与他们当前想法相反或相冲突的陈述来开启我的演讲，我希望在演讲之初就能立即引发他们的响应。”

在我最近听到的一个演讲中，米是这么开头的：“基于目前的市场状况，在座的每一位人士今年的收入都应该是去年的4倍。”真有他的！你可别忘了，在他说这番话的时候，美国乃至整个世界正处于严重的经济衰退中，而他的听众们（主要是财务专家）都知道，要在今年保持不亏损都难上加难。

“我很清楚在这个演讲之前，有些听众正在考虑裁员，卖掉办公大楼在家办公，甚至转行，”米说，“但他们并没有考虑这个事实，即相比去年而言，今年的经济形势明显改善了很多。就这样，我成功地吸引了他们的注意力。”

在一个成功的开场白里，你的目标应该是让听众听后对他们自己说：“好吧，你这个家伙继续说下去吧，我正在仔细听着呢。虽然我可能目前还没有信任你，但是我绝对在听你说。”

交谈而非演讲

演讲者们往往会犯一个错误，即在演讲过程中照本宣科地念草拟好的演讲稿。然而那些高水平的演讲者，不论事前做了多么充分的计划和组织，结构多么明确，他们的演讲听起来更像是在与听众娓娓而谈，而不是演讲。在商业中，最有效果的沟通是针对一个听众进行的。事实上，最有影响力的演讲本质上都是一种交谈。一个有经验的演讲者可不会硬邦邦地站在一个听众面前正儿八经地高谈阔论，这看起来要多怪异有多怪异。

那么，为什么当你面对的听众变成很多人的时候，你会改变讲话的原则呢？或许这些原则不应该被放弃或改变。当面对一大群人的时候，说话者的语调、口吻可能发生变化，因为他已经不自觉地转变为一个在表演的“演讲者”，而不是通过真实的交流与听众进行连接的人。

资深励志幽默家卢·赫克勒（Lou Heckler）向各类公司、贸易协会和大学奉献了数千场主题演讲，同时他还热衷于培养其他演讲者。“听众希望相信就某一个话题你比他们知道得多——这就是他们为什么跑到你面前听你演讲的原因，”赫克勒说，“但是他们也希望从你身上感受到你跟他们在某些方面是一致的。”赫克勒也告诉我们，当经验老到的演讲者想跟听众进行沟通和连接的时候，他们会采用 3 个屡试不爽的技巧，即赫克勒公式。

赫克勒公式

公式 1：听众只有一个人

不论是面对 35 个听众还是 3 500 个听众，你都应该告诉自己你只是面对一个人进行讲话。不要把目光在全场听众身上扫来扫去，就好像自己是商店橱窗里站的服装模特一样，你的目光要从容地注视着某个特定的听众，停留几秒钟，然后慢慢转移到另外一个听众身上。想象自己正在跟一个极为要好的朋友谈话一样。

公式 2：对话而非独白

听众们会对你说的每一件事情都做出反应，即使是无意识的反应，这一点你必须铭记于心。不要讲得太过仓促，刻意停顿一下，让他们有时间思索你刚刚谈论的内容。你可以观察和借鉴电视游戏节目主持人的做法。他们在向参赛选手提出问题并听取选手们的答案后，不会马上公布正确答案，而是会有意停留几秒钟。他们这么做的目的就是希望电视机前的观众们能有时间自己动脑筋思考答案。你可以在演讲中采取同样的做法，即通过刻意的周期性停顿给听众留下思索的空间。

公式 3：多使用反问语气

你在演讲中发表一些评论时，不妨加上如下这些短语或句子："难道你们没有注意到这个现象吗？"或"难道我是唯一一个对……感到迷惑的人吗？"这其实是在引导你的听众们思考你刚刚谈论的内容，并且希望他们将之与发生在他们生活中的经历相连接。这会让他们产生这种感受："嘿，这个家伙知道我每天是怎么度过的。”

NFV 公式

既然我在本章开头引用了乔尔·韦尔登说过的一句话，那么现在就让我们来聊聊有关他的一些事情吧。韦尔登是北美地区备受推崇的一位励志演讲家，一直走红了 30 多年。1989 年，国际演讲会（Toastmasters International，TI）将该会最高奖项——金锤奖（Golden Gavel）授予韦尔登，以表彰其在沟通和领导领域的非凡成就。多年来，金锤奖的获得者还包括肯·布兰查德（Ken Blanchard）、阿特·林克莱特（Art Linkletter）、厄尔·南丁格尔、沃尔特·克朗凯特（Walter Cronkite）及史蒂芬·柯维等杰出人士。此外，韦尔登还获得了国际演讲协会颁发的沟通和领导奖（这也是很多人梦寐以求的一个奖项），被正式推选为美国国家演说家协会名人堂的会员，2006 年还被评为“传奇式演讲家”。

韦尔登作为一名演讲家所取得的成就在于他重视、了解听众，以及向听众发表符合 NFV 公式的精彩演讲。NFV 公式是一个非常简单的公式，它可以用来帮助人们：

- N——符合需求；
- F——战胜恐惧；
- V——强化胜利。

韦尔登认为：“听众对你自己感兴趣的事情不会有什么兴趣，除非你给他们创设了兴趣，并回答了‘那又怎么样？’以及‘谁在意？’等问题。你可以通过一个吸引听众注意力的开场白，以及让你的演讲主题与听众相关联来做到这一点。其实，真正无聊的话题并不多，多的只是那些失败的演讲者，他们无法将自己的演讲主题与听众相连接。”

韦尔登之所以能与听众进行连接并发表符合上述NFV公式的精彩演讲，是因为他进行了精心的准备，他说：“对每一个演讲，我都会拿出50个小时进行准备。我明白，我将要讲到的每一个观点都必须与听众进行实实在在的连接。要做到这一点，我必须花费大量时间来了解他们做什么、他们如何做以及他们面临的挑战是什么。我在演讲中传达的每一条信息和每一个观点都必须符合我的NFV公式。”

除此之外，每次韦尔登被安排作为某公司活动或大会的压轴演讲嘉宾时，他绝不会在活动或会议快结束时才匆匆赶往会场做演讲。他说：“我会全程参加这个活动或会议，这样我就能体验到听众们已经体验到的内容，从而让我在演讲中准确把握应该传达的信息。”

韦尔登向听众们奉献了数千场精彩绝伦的演讲，所以他很清楚那些来倾听他演讲的人都抱着相同的想法，那就是他们都想知道“你的演讲能给我带来什么好处？”

他说：“我意识到听众都是以自我为中心的，我自己也是以自我为中心的，每个人都是这样的。听众们经常以此为标准判断是否值得倾听和接受你的演讲，他们想知道你肚子里有什么东西可以帮到他们。”而提供这种帮助是与听众进行连接和建立关系的好方法，并且100%有效！

THE CONNECTORS 第18章

利用社会化媒体技术进行联系

充分发挥社交网站的作用

> 不论你是一家著名的大公司，还是一个拥有众多粉丝的公众人物，抑或只是一个有点自己的想法和主意的普通人，社会化媒体对你而言都是一个崭新的机会。在这里，你可以创造关心你的人，并且与他们进行沟通。
>
> —— commoncraft.com

社会化媒体被越来越多的人作为社交工具，其用户数量近年来出现了爆炸式增长。这些流行的在线技术也日益被当作一种主流的商业工具。今天，越来越多的公司把自己的市场营销资源放到社会化媒体上来，甚至美国橄榄球超级碗大赛都试图将观众争取到社会网络和博客上来。

国际四大会计师事务所之一的德勤公司（DTT）在2009年公布了一份调查报告，名为《媒体民主现状》（*State of the Media Democracy*）。其中指出了这样一个事实，即人们平均每周花在网络上的时间是看电视的两倍。这对商业的未来意味着什么？或许，它指出了我们应该热烈欢迎和拥抱这些新的沟通渠道，以作为我们开展业务活动的新工具。这会成为消费者与其他消费者、品牌和公司进行交流的平台，消费者会通过这个平台讨论他们体验到的一切事情。而且，这迟早会成为你与对手进行竞争的新战场（如果你现在还没有入场的话）。

社会化媒体为企业创造了直接接触消费者的营销机会，而这在以往是从未有过的。有效的社会化营销不仅仅是单纯的网络流量策略，其本质是关于将某个信息以一种快速传播的方式与某一网络中的人们相连接的过程。

这不是传统，但每个人都在这么做

当你加入社会化媒体后，你就进入了一个全天候提供服务的联络社区。你不再控制你的信息，网络社区会自动替你完成这个工作。你现在是以一种自由流动的方式来讨论这些信息。你的信息可以被别人更改，可以成为大伙争论的焦点，甚至成为别人喜欢或憎恨的目标。但是通过参与谈话及交流，你向其他网络社区成员传达了一个信号，即你是一个愿意参加社区交流和倾听其他成员心声的成员，你与他人在以一种互相感染和强有力的方式进行连接。

在传统的营销调查中，焦点小组仅有少量人构成，其意见会被推断为大部分人的意见。一旦根据这些意见做出的决策进入市场，最后的结局可能会证明这些意见是错误的，而此时为时已晚（正如“新可乐”事件[①]一样）。你不得不接受这样一个现实，即你刚刚出炉的想法原来并不像焦点小组提供给你的反馈那样受广大消费者欢迎，相反，你不得不面对公众强烈的抵制活动。社会化营销能带给你的则是由数百万人构成的焦点小组，他们随时准备着，让你了解你的产品或服务在他们眼中的表现如何。

---

① 根据维基百科的注释，“新可乐”是可口可乐公司于 1985 年推出的改良配方，以代替其第一代配方。在推出新可乐之前，可口可乐公司曾经进行过相应调查，其调查对象是由少数人构成的焦点小组。根据这些调查结果，可口可乐公司认为大部分公众都会愿意接受新可乐的口味。新可乐上市之初市场反应相当不错，但是不久就遭到大部分美国人的抵制。最终，在其面世后不到三个月，可口可乐公司就不得不宣布重新开始生产第一代配方的可口可乐。新可乐成为营销行业的一大败笔。——译者注

人们对社会化媒体的一个最大误解就是它的用户只不过是一群在网络上游荡的毛头小孩。我不否认上述言论有一丝正确性，但是我想告诉你们：社会化媒体的大部分用户几乎都接受过大学教育。因此，他们或许非常年轻，但是他们绝不是小孩子。事实上，社会化媒体中各个年龄阶段的用户都在迅速增加。比如，Facebook 的用户统计和报告显示，在过去 6 个月里，35~54 岁之间的用户增长了 276%，55 岁及以上年龄段的用户也增长了 194.3%。同时，在用户数量高速增长的同时，用户的多样化也在不断发展。因此，如果你知道这些用户分布在哪里以及他们正在谈论什么内容，你就可以选择一个更加有利的位置来传播自己的信息。

商业快乐时光

我们应该把在社会化媒体上进行交流看作“商业快乐时光”（Business Happy Hour）。这个快乐时光的绝妙之处在于，它会持续不断地在全球各个角落上演，没有时间和空间的限制。每一天每一分每一秒都有用户在社会化媒体中活动。正如 18 世纪的人们称大英帝国为日不落帝国一样，在社会化媒体这个舞台上太阳同样永不落山。

社会化媒体中的用户们可以自由讨论他们感兴趣的一切话题，自由提问并做出回答。可能有些人会试图在上面对自己提供的产品或服务大加赞美，但重要的是网络社区的其他用户通过自身体验得出的结论，而不是你的结论。不论一个人在现实生活中取得或实现了多大的成就，社会化媒体要求任何用户都必须从零开始。每向上攀登一个阶梯，都得依靠你向其他成员提供的有价值信息——不论是自己创作的新鲜、有趣的材料，还是转载其他人的信息。但是记住，社会化媒体的潜规则就是“为了得到，你必须首先付出”。通过给网络社区不断增加价值，你同时创建了更多的关系，由此获得了更多的朋友、更多的追随者和更多的信任。

信任真的很重要

或许社会化媒体中最重要的通行证就是信任。信任的重要性无论怎么说都不过分。社会化的资深用户们都知道，用户在评论其他人的内容时，必须避免任何不恰当的言论或表达。任何诽谤竞争对手的想法或企图都会导致其他用户对你产生不信任。对有些人来说，这可能是最难接受的一条新规则了。进行无情的竞争和踩在别人头上获得成功不是社会化媒体的目标。相反，社会化媒体关注的重心是健康且高质量的关系以及这种关系的持续发展。信任和良好关系的建立，最终会给你带来更积极的结果。因为人们愿意为他们信任的人说好话，并向他们伸出援助之手，那么，你怎么做才能让别人对你建立起信任呢？

消费者将与你并肩作战

内容创建是社会化媒体提供的最强有力的工具，也是建立信任和信誉的基石。在社会化媒体上，内容消费者的数量远远超过内容创建者。个人和公司如果能恰当地利用资源，那么他们在社会化媒体上发出来的声音将具有无限的号召力。

你应当多鼓励内容消费者围绕你的品牌对你创建的内容进行编辑等活动，允许他们对这些内容进行混搭，并制作出具有自己特色的信息。一旦他们采取了上述步骤，这个行动就会变成非常有力的工具，因为内容消费者心里会把对于自己“动过手脚”的东西当成他们自己的！对我们人类而言，我们总是对自己的东西抱有强烈的关怀欲望，这才是社会化媒体真正的动人之处！消费者成为这些内容的共同所有者，并且愿意付出最大的热情来拥护它们。许多组织已经开始运用人们的这种心理状态和社会化媒体的这一作用来为商业服务。例如网站 my.metrovalley 能向他们的内容消费者提供一种与他们喜欢的各个品牌和促销宣传进行连接的新感觉。

第19章

进行社交的逆向思维

创建真正的客户关系，不要为了社交而社交

学会充分利用人脉资源并从中获得丰硕成果对所有人而言都是一项挑战。你不可能凭借正式的身份等级、职务及权力游走于这些组织中。相反，你必须成为一名能建立各种互利合作关系的行家高手，这些关系跨越了传统边界，既可能存在于公司内部，也可能存在于公司外部。你必须学会聪明地与人进行交流。

——韦恩·贝克（Wayne E.Baker）

密歇根大学教授

概括地说，如果你打算通过社交活动来快速提升销售业绩，那么最后你可能发现，这是一件令人沮丧至极的事情。许多商业人士在加入商业或其行业组织之初都对随之而来的前景非常乐观，但不幸的是，现实总是无情地击碎人们美好的幻想。此时，受到打击的人们往往选择另辟蹊径，或者开辟新战场来继续推销他们的产品或服务。但是等等！我想说，你还没有掌握能发挥巨大效果的社交原则呢，那些原则几乎跟我们大多数人对社交的理解都正好相反。所以，先别忙着打退堂鼓。

“给予是最伟大的回报。每天我都会为了他人利益而把两个我认识的人介绍给其他人，而他们从不会忘记这一点。”《能量开拓》（*Power Prospecting*）一书的作者戈迪·艾伦（Gordie Allen）如是说。这跟我在红色地带营销公司中推行的原则如出一辙，即社交不要总考虑自己，而要时时为他人着想。但是在实际生活中你会发现，绝大部分人并不是这么做的，甚至在投身社交活动时，我们的脑海中压根儿没有为他人着想的意识。尽管艾伦是开拓客户方法方面的专家，可是他教给我们的方法看起来似乎并不那么有代表性，一点儿也不像我们想象中的那样。但是，艾伦的方法（即向他人提供帮助）让他不需要再为开拓业务而跑来跑去，所有他想要的业务都在他家后院等着他呢。

“停止社交！”

国际商务网的创办人伊万·米斯纳在其著作《真话还是哄骗》一书中谈到，当你开始训练人们如何进行社交时，你得从告诉他们“停止社交”入手！换句话说，社交的目的并不是在活动中成为收到名片最多的人。广发名片和广收名片带给你的唯一“好处”就是，在活动后你“有望”收到许多陌生拜访电话以及不得不应付许多后续行动。

BNI 创建于 1985 年，其目标是帮助人们进行社交活动，并且向其他商业人士推荐业务或将他们推荐给其他人。今天，该组织在全世界范围内已经有 5 300 多个分会。2008 年，BNI 共创造了 560 万个推荐，这些推荐给其成员带来了高达 23 亿美元的业务。

米斯纳特别指出，优秀的连接者明白，你和他人有良好的接触并不必然意味着你们之间的关系很铁，他说：“接触是指你认识某个人，但是尚未与他建立起牢固的关系。而关系是指某人认识并且信任你，因为你已经投入时间与那个人建立了具备可信赖性的关系。”

与别人进行交流的目的不是立即从对方那里获得生意。事实上，这种急功近利的方法根本是行不通的。相反，你关注的重心应该是与对方建立起一种推荐关系，成为你连接其他客户的渠道。你的目标应该是与对方建立互利关系，即使对方一辈子也不会买你的产品或服务。米斯纳说："如果你总是急于从对方身上立即获得订单，你就会丧失很多潜在的机会。"

如果你想与他人建立深厚的关系，并发展以推荐为基础的人脉关系网，那么不妨尝试一下米斯纳介绍的 3 种具体方法：

- **建立高质量关系**：一定要花时间与拥有潜在客户来源的人建立和加深关系。你可以邀请他们参加社交聚会，了解他们的爱好和利益，帮助他们实现他们自己的个人目标等。
- **开辟新天地**：在新的领域寻找具有共同利益的推荐人，并与他们结成合作伙伴。不要立即进行开拓活动，耐心培养你们之间的关系，等待其成熟再说。
- **关注他人的利益**：脑海里时刻要问自己"我能向这个人提供什么帮助？"并且将这种为他人服务的想法随时付诸实践，最终成为一个因此而被大家广为熟识的人。

协作与合作

多弗·塞德曼（Dov Seidman）是 LRN 的创始人、主席和 CEO。LRN 是一家致力于帮助公司发展企业道德文化的公司。他还是《HOW 时代》（*HOW*）一书的作者。塞德曼说："深入和持久的关系注重协作和合作。"尽管这听起来是确定无疑的，但是我们中的绝大部分人更在意的是自己的利益而非双方互利。换句话说，他们脑海中时常浮现的是"这对我有什么好处？"而不是"我能为他提供什么帮助？"。

已故美国作家弗雷德里克·柯林斯（Frederick L.Collins）曾经说过下面这句极富哲理的话："任何时候都不要忘记世界上一共有两种人，第一种人在进入房间时会说‘嗨，我来了’，而第二种人走进房间时会说‘啊，原来你在这儿’。”只有第二种人才能不费吹灰之力就与其他人发展出深厚的友谊和关系。

多年来，我一直是美国国家演说家协会的会员，该会由已故的卡韦特·罗伯特（Cavett Robert）于1972年创立。罗伯特创立美国国家演说家协会时已经是一位非常成功和受欢迎的演讲家。当时全美国总共没有几个职业演讲家，而他却拥有强烈的愿望帮助其他人在进行公开演讲时表现得更好。

可以说，在绝大多数领域，帮助竞争者精进技能的想法从来都不是一个受人拥戴的理念，但罗伯特却从不这样想。他的座右铭是：“不要担心我们如何分配这个馅饼，每个人都可以吃饱。我们需要考虑的是如何做一张更大的馅饼。”他设想的那张更大的馅饼现在在全美境内已经设立了38个分会，并且拥有4 000多名会员。

尽管罗伯特于1997年永远地离开了我们，但美国国家演说家协会此后举行的全部活动无一不体现了罗伯特的上述精神。不论是全国性的活动还是分会范围内的活动，其主旨都是有关会员帮助其他会员和候选人提高演讲技能的。从创会之初，社交就是该会的一个重要功能。在美国国家演说家协会的官方网站上专门有一个名为“联系”的页面，上面列举出了各种方法，以帮助会员在向其他会员和候选人提供帮助时建立和发展会员之间的关系。该网页的第一句话就将美国国家演说家协会的这个宗旨阐述地非常清楚：“美国国家演说家协会是一个进行联系和学习的组织。”

人际关系网与社交组织

关于社交，我们可以再来看看另外一个组织的看法。该组织禁止一切形式的推销行为，而鼓励会员之间彼此定期交换推荐机会。正如该组织官方网站（www.eonetwork.org）所说：“企业家联合会（The Entrepreneurs' Organization,

简称 EO）的会员申请仅面向企业家开放，这是一个全球性社区，通过互相学习、直接与专家联系及终生难忘的体验来丰富会员的生活。企业家联合会——我本人也是该会会员，致力于帮助企业家彼此学习、提高领导能力以及丰富其个人生活。”该组织的入会资格是年龄不超过 50 岁的企业家，且其经营的公司年收入不低于 100 万美金。所有会员的公司加起来，其每年的营业收入总额高达 1 000 亿美金。

企业家联合会于 1987 年由一群年轻而又精力四射的企业家创建，目前在全球范围内已经拥有 7 000 多名会员，在 38 个国家和地区设有 113 个分会。其会员来自于各行各业，会员经营的公司涵盖了各种类型和规模。平均而言，这些公司每家拥有 131 个员工，年销售收入达到 1 440 万美元。会员们之所以加入这个组织，是因为他们有强烈的愿望发展自己的业务，并与其他同行分享经验。

谢尔比·斯卡伯勒（Shelby Scarbrough）是弗吉尼亚州亚历山大市的实用方案公司（Practical Protocol）和 CONEXUS 全球服务公司（CONEXUS Global Services）两家公司的总裁，她也是企业家联合会近期刚刚卸任的主席。“我们是一个学习型组织，一个社交网络，而不是一个社交组织。我们有严格的规定，禁止推销政策，因此我们可以从其他会员处购买产品或服务，但是我们绝对不能向其他会员推销自己的产品或服务，”企业家联合会内部的环境氛围非常有利于会员之间形成持久的关系，且这种关系是建立在信任和尊重基础之上的，斯卡伯勒说，“如果有机会，任何会员都非常乐意向其他会员提供帮助。”

为了切实履行建设人际关系的使命，企业家联合会向会员提供了多种项目和活动，以帮助他们进行连接和建立关系，有些项目和活动不仅仅限于该组织内部，也包括利用组织外部的资源。比如，会员交流项目（Member Exchange）是一个庞大的数据库，其中收集了企业家联合会、青年总裁组织（the Young Presidents’ Organization）、世界总裁组织（the World Presidents’ Organization）及 CEO 组织（the Chief Executives’ Organization）中的 25 000 多名会员的信息和经历。另外一个活动是“会中会”（Meetings-in-Meetings），顾名思义，该活动会在世界主要贸易展览期间举行相关会议。这向企业家联合会的会员提供了与相同或类似行业中的同行进行交流和联络的机会，不论这些同行是企业家联合会的会员，还是青年总裁组织或世界总裁组织的会员。

与企业家联合会情况类似，青年总裁组织也有年龄限制。候选人必须在其年满45岁之前提交申请。除此之外，他们也必须完全掌管一家高水平公司或负责其某个部门的运营，并拥有下述任何一个头衔：CEO、董事会主席、总裁、执行董事、执行合伙人、出版商或与上述头衔相当的职务。

与青年总裁组织有密切联系的其他两个组织是CEO组织和世界总裁组织。CEO组织创建于1958年，拥有2 000名前青年总裁组织会员，这些会员均拥有卓越的领导能力，是同行中的佼佼者。CEO组织的会员须经邀请才能加入，不接受候选人自行申请。该组织的明确使命是“通过高质量论坛、密切的关系、突出的个人经历及相关的能力提升项目，将全世界重视深厚且真挚友谊的领导人联结起来”。换句话说，其使命就是进行连接和建立关系。

世界总裁组织也是由青年总裁组织的前会员组成。当青年总裁组织的会员年龄超过49岁时，他们就可以加入世界总裁组织，因此世界总裁组织也被称为青年总裁组织的研究生组织。其目前拥有4 800名会员，均是目前或曾经担任过大型公司的CEO。该组织在70多个国家建立了超过85个分会。

这些组织拥有相似的目标和使命，其中最重要的共同目标之一就是建立人际关系网。正如我们刚刚谈到企业家联合会时所说，它是人际关系网，而不是一个社交组织。

当然，在全球商界范围内还有很多与我们刚刚谈到的这几个组织相似的会员机构。其中历史最悠久且规模最大的就是伟事达国际（Vistage International）。伟事达国际创立于1957年，当时的名称是经理人联合会（The Executive Committee，简称TEC）。今天，伟事达国际及其分支机构已经在世界16个国家拥有14 500名会员，并且从其会员所在公司的营业收入总额来说，其当之无愧地成为世界上最大的 CEO 组织。这些公司每年的营业收入将近 3 000 亿美元，员工总数大约 180 万。

伟事达国际的会员每个月都会拿出一整天的时间来参加选定小组的会议，每个小组大约有 12 名成员组成。通常这一天的活动包括请一位组织外部的演讲嘉宾就某个话题做一个半天的演讲，然后剩下的半天会员们可以就他们面临的一些具体和保密性的问题进行讨论。每个小组都会有一个经验丰富的引导员，其作用是每月与每个小组成员进行一对一的培训和咨询会议。

不久之前，伟事达国际发布了一个在线版的伟事达会员人际关系网（Vistage Member Network），这样会员们无须公开身份就可以提出任何问题，并且会收到全球伟事达会员的指导和建议。通常，提问者在数小时或数天之内能获得无数的反馈。所有这些反馈都张贴在网站的数据库中，会员们可以很容易地检索到。

我的很多客户都加入了决策者组织（Mastermind Groups），该组织具有与我刚才所述的那些组织相同的功能。加入此类组织或机构的目的就是进行社会交往并分享观点，而结果是，你往往会在不知不觉中扩大自己的推荐人群体。

当别人问你是做什么的时候，你应该怎么回答

我并不是“电梯演说”（elevator speech）的粉丝，可能只是因为我还没有看到很多成功商业人士采用这种方法吧。总体来说，我认为电梯式演说是有价值的，因为它能让人们对自己的个人工作情况表达得更言简意赅。

然而，那些功成名就的职场人士在谈论自己的工作或业务时似乎采用了一种更加自然、更有针对性的方式，并且不会有任何浮夸或噱头。事实上，当人们问你是做什么的时候，他们并不想真的花 20 分钟来听你的长篇大论。你只需要简短描述一下你工作的性质，并且能让他们理解就行，当然你得描述得生

动有趣，不能死气沉沉。把时间都花在滔滔不绝地讲自己的过人之处上，是与红色地带连接者原则直接冲突的。那些能赚钱的连接者明白，交谈一定要围绕在对方身上，但同时也要有足够的技巧将你的相关情况传达给对方，并且得以一种风趣和引人入胜的方式进行描述。

2001 年，劳拉·艾伦（Laura Allen）和吉姆·康弗瑞（Jim Convery）看到很多朋友和同事都在非常艰难地找工作，他们便萌生了帮助这些朋友和同事的想法。在参加了无数商业社交活动后，他们注意到，许多人不会简短而又言之有物地解释自己以前的工作内容，以及他们现在想寻找的工作机会。这个情况似乎也正在困扰着目前大量失业的高科技工作者。

除此之外，劳拉和吉姆在参加上述社交活动时还发现，很多人甚至连张名片都没有，或者只有大规模生产的免费商业名片，这些名片根本没法突出他们的个人特质，或吸引别人注意到他们的独特优势。劳拉本身是一个性格非常外向的人，也曾是纽约社交场所的常客，在高科技泡沫破裂之时及之后，她锻炼出了一种以非常简洁、有力的方式（没有一个多余的字眼！）介绍自己并表达自己希望找一份什么样工作的能力。吉姆是一位有心理学背景的数据库咨询师，对找出有效介绍中的关键因素以及创造出一种其他人可以运用并不断提高的介绍方式抱有浓厚兴趣。劳拉和吉姆都认为，一个良好的介绍必须是简短的，即使典型的电梯式推介（用时大约是 1 ~ 2 分钟之间）对非正式介绍来说也显得冗长和令人难以忍受。在一个人们的注意力持续时间不断缩短的世界上，说得越少，你才能得到的越多。

之后，他们进行了长达数周的讨论和实验，以找出一个有说服力和言之有物的介绍所包含的关键因素。期间，他们参加、组织了大量社交活动，并将他们的新发现付诸实践。

结果，他们得到的反馈令人兴奋，于是他们给这个新方法起了一个名字并创建了一个网站。15 秒推介法（The 15SecondPitch™）正式诞生了，其网站也于 2002 年秋天正式上线。

15 秒推介法是一个非常有用的工具，能帮你发现你是谁，以及什么是你真正想要的东西。它能令你持续不断地思考对你而言什么是最重要的，并且是介绍和交谈时一个很棒的引子。

15 秒推介法

请回答下述问题：

- 你是谁？
- 你是做什么的？
- 为什么你是最棒的？
- 你号召人们采取行动的理由是什么？

劳拉与我们分享了一个 15 秒推介法的典型例子：

> “我是一名商业专家，致力于帮助公司和个人更有效地营销自己。我最引以为傲的事情就是有一次通过一个陌生电话拜访，我获得了一单 550 万美元的生意。除此之外，阿尔·戈尔在 2000 年总统竞选期间也是我的客户。还有一次，我建了一个 1.2 米高的金字塔并把它运到了乔治·卢卡斯（George Lucas）的天行者牧场（Skywalker Ranch）。”①

现在闭上眼睛想想你能从这个介绍中获得的反应吧。

更新更好的方法

很明显，单打独斗的商业领袖时代已经成为过去式。麦格劳－希尔公司

① 美国著名电影导演、编剧和制片人乔治·卢卡斯的工作场所。乔治·卢卡斯的作品包括《星球大战》和《夺宝奇兵》等。——译者注

在1994年出版了韦恩·贝克的《聪明社交》（*Networking Smart*）一书。作者在书中说："组织和组织的领导人都在寻找更新和更好的方法，以让他们能在新的商业秩序中继续生存和发展下去。"这些更新更好的方法包括授权的哲学，即代替"一人包揽"的传统做法。作者写道："授权是社交的本质。"

贝克将20世纪80年代称为"对交易本身进行顶礼膜拜的巅峰时期，这其中伴随着人们的贪婪和欲望，以及对关系的全然漠视"。当时他进行了下述大胆预测："那些在20世纪90年代及之后做生意的人，将采取一种更加开明的态度。他们会通过社交商对自己及员工进行授权，愿意将自己的组织转变成为令人感到愉悦和能充分发挥员工潜能的社交组织，并且这个组织每天都生机勃勃，勇往直前。"

我们不需要仔细搜索就会发现，无数的组织已经通过采取更加开明的方式（即对员工进行授权以及鼓励社交）获得了蓬勃发展的强大动力。

贝克引用了已故英国作家福斯特（E.M.Forster）在其1910年出版的小说《霍华德庄园》（*Howards End*）中的一句话作为《聪明社交》一书的总结："关系万岁！"在我看来，这个口号非常精辟地概括了该书的主旨。

THE CONNECTORS 第20章

臻于完美境界
改善商业关系的自我训练

许多职场人士通过参加培训来进一步提高自己的商业技能。这样的培训组织包括位于科罗拉多州博尔德市的琼斯联合会（Jones Associates），它所提供的一个培训项目就是以提高商业关系技能为目标的。这些练习和原则有助于评估和理解你在商业关系中的表现。

作为商业人士，你的与众不同不是建立在你对交易本身的格外看重上，也不是体现在你对完成某项任务的急迫态度上，更不是依托于对自己能力的证明上。真正能让你与其他商业人士区别开来的，是你对发展可持续性商业关系的真切关注。

创建可持续发展并能带来商业利益的商业关系

如果你愿意致力于发展长期稳定且令双方均感到愉悦的商业关系，从而以此与你的竞争对手相区别，那么请参考下面三个不同的阶段以及其所采取的不同策略：

- 第一阶段：你与对方的关系遭遇了挫折，或者毫无进展。
- 第二阶段：你学会了如何发展关系，但尚不能长期维持这些关系。
- 第三阶段：你通过对其他人的影响而变得与众不同，并且你体验到了关系的持续发展。

常见问题及回答

问题：如果我同时处于上述两个甚至三个阶段怎么办？
回答：你肯定会遇到这种情况。每个人都是这样的！

问题：如果我知道很多如何与其他人建立持久关系的道理和技巧，我可以跳过前两个阶段而直接晋级到第三个阶段吗？
回答：我们都知道这些道理和技巧，可是我们仍然需要定期回顾上述三个阶段，以确定哪些关系我们处理得不好，或压根儿忘记处理，这个过程也能让我们对自己目前的关系状况有一个最新的认识。

问题：这种方法真的能帮助我在商业关系上面做得更好并且赢得忠诚客户吗？
回答：这肯定对你没有害处！是的，这种自我评估方法已经在很多商业人士身上证明是有效的。而且，通过进行上述自我评估，你能发现一些重要因素，它们有助于你建立和维系更具商业利益和更真实可靠的商业关系。

第一阶段：超越“数字游戏”

在开始进行社交活动之初，我们更像是在玩“数字游戏”。你与尽可能多的人见面，并且通过这种漫天撒网的形式，你可能碰到最终跟你做生意的人。在这个过程中，我们发现了帕累托定律，即“80/20 定律”的踪影。该定律表示，80% 的生产效率来自于你 20% 的关系。如果你能够将注意力集中于这 20% 的关系上，你会发现在无须额外投入精力的前提下，你的生产效率实现了大幅度提高，甚至远远超过你对自己能力的预期。但是，如何才能做到这一点呢？

首先，你要准确定位能给你带来生产效率提高的那 20% 的关系。如果你能将“效益不佳”的 80% 的关系委托给其他人处理，那么你自己就能专心于发展和维持能带来回报的 20% 的关系。其次，在你将全部注意力和时间都投入到能给你带来高回报的 20% 的关系上后，你会发现，这些关系中的联系人很高兴你能把注意力放到他们身上（因为你已经放弃了“平均用力”的做法，而他们真真切切地感受到了），结果就是对方自然会在他们认识的人中大力宣传你的产品或服务，这就意味着你的业务已经突破了你自身的能力水平。

第一阶段应采取的行动

首先，你要意识到哪些关系是有效的，哪些是不起作用的。通过第一阶段，你必须找出哪些关系真的能给你带来生产效率，而哪些只是让你做些无用功。比如说，确保你与对方进行的交谈能给对方留下深刻的印象，这样有助于你在今后进一步改善你们之间的关系。而如果你给对方留下的是迷惑、不确定或无能为力的感觉，那么这种关系在今后肯定是不奏效的，它只会让对方对你的印象一直停留在非常糟糕的层面上。

确认能改善和加强关系的活动所具有的共性，是摆脱关系受到挫折和没有进展所带来的沮丧感的关键。

THE CONNECTORS 连接者测试

列出对你而言最重要的关系（包括已建立的关系和潜在的关系）：

____

____

____

____

____

____

____

____

____

____

____

____

第一阶段可能面临的典型挑战

你可能正在经历与他人关系中的挫折、低谷或停滞不前的状态，而这些往往是因为太多杂七杂八的事情分散了你的注意力，并挤占了你的时间，或者是你的处境发生了变化。克服这个挑战的关键就是学会对不同的事情采取不同的态度，有些事情坚决不能退缩或推掉，而有些事情则一定不要浪费时间和精力在上面（即要分清主次，最重要的关系要牢牢把握，而其他的事情能放则放）。

人人都具有这种心理，即要把所有的事情都做好，不错过任何机会，在力所能及的范围内做一切事情以让结果变得更好,以及向尽可能多的人提供帮助。然而，你有限的时间和精力决定了你每天只能做那么多事，大部分事情不得不退出你的前进道路，不论你多么想让所有的盘子都永不停歇地旋转。

学着通过说“不”来解决某个问题、帮助某个人、参与某个活动、加入某个组织，甚至在考虑你知道自己无法施加影响的事情时，你也得有勇气承认自己对此无能为力。当你选择退出某件事情时，要做得非常得体，并且对自己的选择承担全部责任。要让你周围的人都能感受到你对他们发自内心的尊重和认可，并且让他们清楚地知道你这么做的原因。一句话，你得清楚地知道哪些关系与你的身体能力和精神素质最协调，并且最符合你的喜好，而哪些关系则在某种程度上给你带来了压力，比如你感到这种关系对你而言简直是一个必须履行的义务，一件不得不做的事情，一个不得不接受的处境以及诸如此类的情况等。

我们往往会把绝大部分关系当作既紧急又重要的。除非你能清楚地判别出哪些人对你而言是真正重要的，而哪些对你来说是可有可无的，否则我保证你肯定会疲于应付。为了避免每天徒劳无益地忙碌，你必须花时间考虑哪些关系能给你带来宁静的内心，而哪些关系只会给你带来沉重的压力。这种压力既可以在你想到某个人的时候出现（比如忧虑、畏惧、遗憾、负罪感等），也可以在你与他们一起参加某些体育活动的时候产生（比如肌肉紧张、头痛、生病等）。

问题：对某人说“不”，和不回绝任何人但却对每个人都无法做到最好的区别是什么？

回答：其实你对每一个人都已经做得很好了，只是你不知道罢了。发展可持续关系的过程是一个摒除杂念和去伪存真的过程，因为没有了杂念的侵扰，没有了假象的束缚，你的内心开始重新恢复愉悦和平静，并且你会发现原来自己一直都做得很棒。相信这个过程吧。不客气地说，正是你对生活、对人们的这种漫无目的的爱，为每个人做每件事的想法才是阻碍你顺利发展那些重要的可持续性商业关系的罪魁祸首。如果你总是不得不与很多人保持没有多大意义的交谈或会面，你就会感到力不从心，并且无法意识到自己其实正在面面俱到（从而无法突出重点）。理解这个多少有点令人伤心的真相，意味着你需要打破占据你全部注意力和心神的壁垒，并且从中找出你真正想发展和维系的关系。现在你明白了吧，你要采取的第一个步骤就是：从那些让你无法脱身的关系中挑出你真正愿意付出时间和精力的关系，那里才是你的心灵应该放声高歌的舞台。

如何让第一个阶段更精彩

你可以通过4种方式让你的第一阶段变得更精彩。能顺利度过第一阶段的关键是转变你的习惯，即从机械般的习惯发展为有意识地为你的最高目标服务的习惯。所谓机械般的习惯是指无意识的、自己未察觉的最高目标，并且无法为你本人及你的目标服务的习惯。

1. 从清理和清除无关紧要的关系（那些在实现你的最高目标过程中，占据你大量时间和精力的微不足道的关系，而不是那些不紧急的关系）入手。从那些无法帮助你的关系中抽身而出，给自己生命中真正重要的关系多留下些空间。

2. 每周把你用于发展和培养关系的所有时间安排都详细地记录下来。你的日历会显示你正在跟谁进行结交,以及你把大把宝贵的时间投入到哪些人身上。把你的时间安排清楚地列出来，有助于你一目了然地看出什么是对你而言最重要的并且是你一直努力营造的关系。当然，这个过程还包括你要定期地拿出部分时间与你最重要的关系保持联系。

3. 清除各种时间安排在你的大脑中留下的痕迹。这是进行清理和清除活动中的另一方面，也是需要定期进行的，我这里指的是每天早上和晚上都需要进行一下梳理。在这个过程中很重要的一点是，你的大脑和思维在精疲力竭之后能回归平静，并且让你清醒地意识到你的真正目的。你可能需要购买有助于你进行沉思或静想的服务才能完成这一步骤。

4. 考虑自己处理和参与这些最重要关系的方式是否会给别人留下“刻意为之”的感觉。比如，你虽然在从事某种志愿者服务（以实现帮助他人的目的），但你是不是发自内心地喜欢做这件事情？你在做这些事情的时候是以自我为中心的，是为了自己的利益而这么做的，因此这并不能实现你臆想的目标（对于你是否怀抱帮助他人的目的从事志愿者活动，从你的一言一行中可以很容易判断出来）。或者你把大部分时间都贡献在你最好的客户身上，以此加深与他们之间的关系，但是这些并不是你真心实意想付出的时间，你可能更喜欢与家人、朋友待在一起消磨时光，或者发展一下自己的爱好，你的这种有些勉强的态度会传递给客户，因此，尽管你在他们身上投入了大量时间，但是这并不能产生你希望的效果。

第二阶段：“关系博弈”

如果说第一阶段是关于数字游戏的，那么第二阶段就是关于关系博弈的。现在你的行动重心是与那些对你真正重要的人建立关系，以及与那些你想围绕其左右的人建立更亲密的关系，并且这些人的做事方式、朋友或知识正是你想追随的。如果你想建立长期协同关系，并且产生比你自己单打独斗更好的效果，那么你必须将注意力放到这个方面。第二阶段是关于分配物质、信息和知识资源的过程，也是在关系中发展互相拥护和支持的过程。

典型的第二阶段自我对话：

“她不尊重我。”
“她不支持我。”
“我不想成为一个负担。”
“我有支持者，但是他们并没有向我推荐业务。”
“我得到了很多推荐，但这只是让我变得更加忙碌而已。”
“我知道他们需要什么……”

发展和不断变得强大的过程，是一个不断发展可持性关系的过程，因为正是这些可持续性关系才是你目前事业的坚实基础。作为社会性动物，对我们而言最重要的且需要我们予以格外关注的社会结构——尤其是如果我们想获得发展（不论是物质上、思想上还是精神上），就是关系。如果你内心深深明白，只有你努力帮助他人做得很好时，你才能做得更出色，那么可以说你是部分处于第二阶段。

在这个阶段的关系博弈过程中，我们发现最令人满意和最有效果的关系是那些你在其中能保持自我的关系。你可以在其中显示出你脆弱的一面，与其他人分享有关你的好的方面、坏的方面甚至丑陋的一面。这么做不但不会令对方对你产生不好的印象，相反这只会增强你们之间的融洽程度，因为你们已经清楚地共同描绘了双方关系的未来（比如“咱们合伙儿开家鞋店吧”或“我会把我所有的客户都推荐给你”）。

第二阶段应采取的行动

首先，谁是你现在的和潜在的支持者？

- 你们真诚地信赖彼此。（3分）
- 他们拥有你想要的关系。（2分）

- 他们拥有能帮助你的资源。(1 分)

THE CONNECTORS 连接者测试

列出你生命中最靠前的10名支持者，然后依据上述标准进行打分，并根据得分高低进行排序：

1. ______
2. ______
3. ______
4. ______
5. ______
6. ______
7. ______
8. ______
9. ______
10. ______

其次，告诉你的支持者他们对你而言意味着什么（现在是什么，以及将来永远是什么）。然后你就可以：

- 告诉他们你有获得进一步发展的意向；
- 针对你的发展意向，请他们指出你有什么长处和短处；
- 请求他们把你介绍给他们认识的人，而这些人本身知道自己想要的是什么，并且会通过你的发展而得到发展。

在进行上述坦诚交流后，你得到的信息是金钱无法衡量的。

第二阶段可能面临的典型挑战

你并不是真的喜欢邀请所有你认识的人打高尔夫球，内心期盼他们能带来

（至少也是要谈论一下）自己的朋友让你认识或了解。这些事情花费了你太多时间，你真的不喜欢这个游戏，并且更重要的是，尽管你投入很多，可是你仍然没有收到任何想要的结果。关键是你要懂得：这不是你个人的事情，要明白你的目标到底是什么。如果关系的发展看起来似乎让你付出太多太多，并且你所得到的收获并不明显，那么可能的原因是你这么做的目标仍然囿于一己之私利（其他人看得出来的）。毕竟，马丁·路德·金终生奋斗的目标不是推销自己，而是致力于让这个世界变得更加平等和自由。一旦你将自己公司的发展与较大的目标结合起来，你（潜在的）支持者就会考虑说如果他们加入你的事业，那么他们自己的目标可能也会因此受益。

你会发现，在你吸引潜在的支持者加入你所服务的更大目标时，一股令人愉快的平静力量会充溢你的全身，当然前提是你为这个较大目标服务是发自真心的，而不是刻意做给别人看的。这就好比当你摆脱思想的束缚而进入没有任何纷扰的大脑境界时所体验到的那种内心的安宁和平静。你将不仅仅体验到一种强大的感觉，而且在你真正放手的那一刻，你也会收获一个令人满意的结局。如果你只是为获得自己的发展而疲于奔命，或者并没有放下对他人的警惕，或者并没有真心实意地与他人分享你所从事的事业，或者并没有致力于一个更高的商业目标……你必须学会放下自私和对他人的戒备，学会分享和为其他人服务，这样你才能感到精神振奋和心情舒畅！

THE CONNECTORS 连接者测试

你较大的目标是什么？

____

____

____

____

____

____

____

____

____

____

____

____

现在，你要做的就是打电话给每一个潜在的支持者，跟他们约定一个时间坐下来好好谈谈。

当然，你也需要制作一张表格（见表20—1），在每个支持者名字后面写上你与他们见面的时间，就如同你在日历上记录一样。然后在与他们逐个会谈后，把表格的其他部分填写完整。

表20—1　　会谈反馈表

支持者名称	我从会谈中学到了什么	我在哪些方面受到挑战	会谈结果	下一步怎么办
1				
2				
3				
4				
5				
6				
7				
8				
9				
10				

认真开始这些会谈和讨论，并虚心听取和接受他们提供给你的一切反馈，直到你“忘记”你自己，直到你不再时刻准备辩解，或放下自己的评判。仔细从这些人身上探查信息。如果他们说他们信任你，那么你需要找出这种信任对

他们而言意味着什么，比如你可以恳请他们讲一个他们信任你的例子，来帮助你理解这份“信任”的含义。

除此之外，你也可以考虑在会谈中提出下面这些问题，这样有助于将谈话发展到更深层次，或者有助于增强你们之间的融洽程度。

可能的会谈问题包括：

- 我们的商业关系对你有哪方面帮助？
- 我们的商业关系在哪些方面无法帮到你？
- 如果我能够在一件事情上做得更好，你认为应该是哪件事情？什么会给你带来最大的不同感受？
- 你认为我最大的3个优点和3个缺点分别是什么？
- 关于我如何成为你更好的推荐对象，你是否有一些反馈、想法和建议？
- 今后我们可以采取什么方式进行合作？你希望我致力于哪个方面？

第三阶段：“关系地带”

关系发展的第一阶段源于你意识到你的诸多关系中哪些对你有帮助而哪些对你没有帮助，并且你努力把时间分配给那些最能给你带来利益的关系上时。第二阶段源于你将较大的服务目标作为发展关系的中心。现在，让我们来谈谈实际上是什么支撑着你的目标不断发展。准确地说，这个支撑因素就是你自身所具有的能促使周围其他人——尤其是通过参与你的目标而能实现其自身目标的那类人，进一步发展的能力。

当你发现自己处于“关系地带”时，表明你已经进入了第三阶段。在这个阶段，我们花时间观察我们的想法，而不是成为我们想法的一部分，这里的想法即自我价值观。因此问问你自己：谁能够观察到我脑子里的一切想法？一旦你不需要识别即可意识到自己脑海里的所有想法，就说明你已经处于这个关系地带了。

当你为了出人头地努力咬紧牙关坚持着，或为了证明能力而努力拼搏时，你的处境就好比逆流而上。每个人都在阻碍你，每件事情都困难异常。这个世界就是这样，当我们斤斤计较于个人的得失和喜怒哀乐时，它就会发动一切力量跟我们作对。但是一旦你开始为人生目标而奋斗，人们就会被你吸引，将你与其他人区别开来，希望与你进行合作，并且实实在在地帮助你进一步提升。有些门会因你而打开，有些则会因你而关闭。

放弃一味地计较个人得失吧。在我们头脑之外，生活是如此轻松和迷人。

THE CONNECTORS 连接者测试

现在，请你花点时间来反思或沉思（不是考虑、分析或判断）下面这几个问题：

- 我需要面对的恐惧是？

____

____

- 我敞开心扉的方式是？

____

____

- 我需要得到的帮助是？

____

____

- 什么是可能的？

____

____

第三阶段应采取的行动：

第三阶段是关于在考虑自己目标的基础上，帮助你周围的其他人和事获得发展的阶段。在这个阶段，你应该放弃一切可能引诱你偏离上述目标的想法和行动，即让这些想法和行动统统远离你，而千万不要为它们所牵绊。

THE CONNECTORS 连接者测试

1）对你的人生而言，最重要的那些关系目前分别处于上述三个阶段的哪个阶段？

____

____

____

2）要想顺利通过这些阶段，需要采取怎样的行动？

____

____

____

3）有哪些可行的机会能够帮助你持续发展这些关系？

____

____

____

最后，从享受你的人生目标开始吧。这是向众人表明你的人生目标的唯一方式：从现在开始，你所做的每一件事情都应该与你的人生目标有关。如果你想成为一名制鞋匠，那么就开始全身心为之而努力吧，享受这个过程，通过这个视角来看待整个世界，围绕这个目标来组织你的整个人生。如果你想成为领导者，那么就停止道歉和横行霸道（不论你做什么来代替）吧，从今天起就开始做一名真正的领导者，并且一直坚持下去。

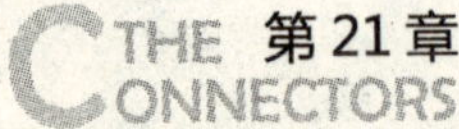

第21章

财务顾问关系策略

从细分角度看商业关系在销售业绩方面的贡献

红色地带营销公司已经与成千上万名财务顾问以及其他在财务服务行业工作超过 15 年的人士合作过。下面，我会对我们一直以来运用的关系导向型策略进行总结，这些策略有助于财务顾问建立成功的财务服务业务。

财务顾问是商品吗

在保险和财务服务行业，有无数的专业人士在向个人和公司提供产品和服务。注册会计师、寿险和产险代理、经纪人、规划师及注册投资顾问都属于财务咨询领域向客户提供服务的专业人士。甚至一些与这个行业风马牛不相及的专业人士也在向客户提供这方面的服务。不久之前，我曾参加了一个财务顾问会议，与会的代表中有一位牙医，他告诉我他也已经把提供财务服务加入到他日常的牙医服务中。千真万确！

对客户来说，似乎满大街都是所谓的“专家”。那么，作为一名财务顾问，你的独家卖点是什么呢？你如何才能与提供相似产品和服务的其他同行明显区别开来呢？

我经常问很多财务顾问下面这些问题，以判断在他们眼中，其目前所具有的与众不同之处是什么：

- “为什么你现在的客户不选择其他人而选择了你？”
- “你做生意的方式、你给出的建议以及你的服务有什么与其他人不同的地方吗？”
- “你的客户会跟其他人谈论你的哪方面？”
- “在过去的 12 个月里，有多大比例的客户对你进行了推荐？”

你可以从客户那里了解他们对你提供的服务的哪些方面感到印象深刻，而这些特色是他们无法从其他财务顾问那里获得的。而且，如果财务顾问想扩大自己的客户基数，那么他需要不断培养自己的与众不同之处，或者开辟一条新途径让客户或其他人对他的口碑和评价不落俗套。许多财务顾问已经意识到，如果他们没有围绕自己提供的产品给客户创造出某种体验，那么他们很可能存在成为商品的风险。

关系商

财务服务行业就其本质来说是一个关系行业。这里的关系商等于财务专业知识和与他人建立关系的能力。客户们在选择财务顾问的时候会有很多选择，因为在相同或相似的财务服务公司里，具有相同或相似资质的财务顾问多得数不胜数。因此，为什么有的人被选中而其他人却丧失这些机会呢？每一位财务顾问所具有的其他人无法复制的特质就是他与其他人发展起来的关系，别人对他的信赖和信心，以及他所获得的推荐。这个行业中的许多佼佼者平均每年会得到 100 次甚至更多的推荐，而他们并没有非常直接地请求其他人推荐他们。我们也很明显地发现，财务顾问获得的推荐数量与他们跟客户之间建立起来的关系之间存在密切联系。客户们都有这个心理，即如果他们对自己的财务顾问感到满意，他们愿意把自己的朋友、家人和同事都介绍过来。

下面这些问题是我们经常用来询问财务顾问的，包括那些非常高级和成功的财务顾问，以此判断他们具有多高的关系商。

- “你的客户知道你很关心他们吗？你怎么知道这一点的？”
- “你如何具体地向他们表达你对他们的关心？”
- “你与你最好的客户多长时间进行一次联系？”
- “你的客户喜欢你吗？你怎么知道这一点的？”
- “在过去的 12 个月中，你有多大比例的客户向别人推荐了你？”

虽然我们不能通过这些问题对财务顾问的专业知识和技能进行深入剖析，但是它们有助于我们了解财务顾问与客户之间建立起的关系类别。我们设计这些问题的本意，也不是要告诉财务顾问他们在与客户建立关系方面做得不尽如人意。事实上，我们的客户中有很多是在当今美国财务服务行业中非常成功的人士，但是我们仍然非常仔细地向他们提出这些问题，目的是为了帮助他们持续提升与客户之间的连接度，并更好地培养这种客户关系。很重要的一点是，我们必须避免将关系看作是一个给定或不相关的事实。

下面这个事实是不言而喻的，即如果客户们喜欢自己的财务顾问，他们就不会离开他而选择新的财务顾问，并且他们还会向他介绍更多的业务。单纯凭借一流的服务水平极少能给财务顾问带来较高的推荐率，这种情况在市场不景气的时候表现得尤为突出。你可能很难想象，尽管经济形势令人担忧，但的确有财务顾问获得了比经济景气时更多的推荐。

九大关系策略

下面这个部分我们会介绍一些营销策略，这些策略在美国一些非常顶级的财务顾问身上产生了良好的效果。尽管下面介绍的这些策略有很多非常普通或是人们的常识，但是毋庸置疑，一旦你能将这些策略运用得恰到好处并且持之以恒，那么它们肯定能给你带来非常有价值的关系，以及比其他人多得多的推荐数量和业绩。

策略 1. 客户总结会议

定期与你最重要的客户进行联系是非常关键的！许多财务专家实际上也的确会与客户开展总结会议，但是考虑到这种总结会议对于客户关系的重要影响，你应该建立一种系统化的客户总结会议制度，这有助于改善结果，并提升可量化的成功。通常来说，在面对面会议期间以及刚结束不久，推荐数量会保持持续增长态势。那么，你与你的重要客户每年每隔多久会面一次？与每个客户进行的总结会议的时间安排是否已经录入了你的数据库中？你有什么方法能够与客户安排会议而不会浪费彼此的时间吗？

牙医的做法

到目前为止，关于安排与客户见面，我们观察到的一个最成功的方法就是，在与客户商量好下次会面时间之前，绝不让客户离开你的办公室，即使下一次见面是在 6 个月甚至更长时间以后。许多牙医正是这么做的，他们把自己的日历安排得满满的。并且，如果牙医可以做到这一点，而且取得了很好的效果，那么财务顾问没有理由不这么做。

在客户离开你的办公室之前，你要告诉（记住，不是征求他们的意见）他们，你想在 3 个月或 6 个月后，或第 2 年再次见到他们。客户们可能经常会回答说他们目前没办法安排，并且请求你稍后再打电话联系他们。但是我们都知道，事实上等你过了几天再打电话联系他们的时候，你经常会找不到他们，或者他们往往不会立即回你电话。整个过程下来，你发现大量时间被白白浪费了。俄亥俄州克利夫兰市的一位财务顾问讲述了他独特的方法。他在客户离开办公室之前会这么跟客户说："这是个很重要的会议。为了确保我们能经常开会以持续关注你的投资情况，让我们现在就确定一下下次会面的日子，并在日历中记下来。如果到时临时有什么突发情况发生，我们可以另行商量时间。"

请求客户在一张明信片上写下他们的名字和地址，然后你在明信片的另一面写上与他们下次见面的日期和时间。好好保存这张明信片，然后在下次见面到来前两周将它寄给客户，以提醒客户准时前往你的办公室。财务顾问们发现，因为客户通过自己亲自在明信片上写下名字和地址的方式对下次见面的日期和时间做出了承诺，所以他们不会连看都不看就把明信片扔掉，即使是与其他大量信件夹杂在一起，客户们也会看看你的明信片（实际上会准时与你见面）。加利福尼亚州一位财务顾问每年要准备 2 000 多份纳税申报表，他就是用这种方式提前一年与客户安排下一次税务会议的。据说他 90% 的预约最终都会实现（尽管具体日期可能发生了变化，但是这些预约都没有被取消）。想想看吧，提前一年预约！

会议公式

我们在很多财务顾问身上发现的那些与客户进行有效会议的策略或方法，也恰恰包含在红色地带连接者公式（参见本书第二部分）中。这些方法有：

- 拥有共情力；
- 倾听！充满好奇地倾听；
- 多问有助于建立关系的问题；
- 让生意自动完成；
- 创设难忘的客户体验。

很多财务顾问非常擅长进行总结，但是，如果你能采取更加个性化的方式、提出更多的问题、倾听得更专注，并且给客户创造比以前更深刻的体验，那么生意自然而言就完成了——即使你并没有从这个客户处直接获得业务，而是获得了他对你的热情推荐。我们已经观察到的结果是非常令人振奋的。

策略 2. 员工关系

如果你相信自己是一名非常了不起的财务顾问（当然我也希望你们是），那么请你问问自己这个问题："我的员工认为我是一名出色的财务顾问吗？"如果答案是"不"或者"我不确定"，那么你得开始采取某些行动了，你或者得尝试去改变员工对你的看法，或者让他们走人。这听起来可能有点残酷，但是对你所从事的工作没有激情的员工，只会给你与客户之间的关系带来负面影响，或者向你的客户及潜在客户传达错误讯息。而相反，如果他们在每天的工作中都充满激情，那么他们自己就能给你带来被推荐的机会。因此，如果你的员工都不认为你有多么优秀，那么你又怎么能奢望客户给你很高的评价呢？这种情感或态度的传导比你想象得还要快得多。

雇用和培训员工来传播你的体验

财务顾问们通过雇用员工来向客户提供服务并寻找新业务，但是由于预算和时间限制，对员工进行培训可能并不受到财务顾问们的重视。然而，如果你打算花费资源来雇用某些人，那么要确保他们都尽了最大努力并且你的钱没有白花。

以下是一些与新员工共事的小建议：

- 对新员工进行入职培训，详细地告诉他们公司的历史、背景、所获荣誉、原则、使命和愿景、规则以及期望。
- 向你的新员工解释清楚公司的独特价值，确保他们能重复出来。
- 使用一种"手工"的培训方法，确保所有的培训资料都有复印件，并且将这些资料放在专门的活页夹里，这样员工们就有机会在以后回过头来重新温习一下。今后如果有新员工加入进来，他们也能继续利用这些培训资料。
- 告诉新员工客户保留率、新业务开拓率和推荐数量是公司衡量成功的主要方式。与每个员工讨论一下你在上述各个方面的目标和期望。

- 提供奖励！对于实现个人目标的员工给予奖励。同样的，如果公司完成了当年的整体目标，那么也别忘了让员工从中获得激励和好处。

策略 3. 研讨会

公开研讨会或社交活动

正当很多人因为研讨会成本较高而效果不如几年前那么明显从而取消研讨会的时候，研讨会的魅力又重新散发出来，并且比以往更令人着迷！

根据那些组织过大型晚餐研讨会的财务顾问的说法，客户的回应率有了较大上升，有些甚至是 2008 年数字的两倍！

“跟之前的经济不景气时期（即‘9·11’以后）情况类似，我们看到活动水平又上升了，依据是财务顾问们请求邮寄订单的数量和客户参加研讨会的人数都有了较大提高。”豪尔赫·维勒（Jorge Villar）说道。维勒是 Response Mail Express 公司的总裁，该公司位于佛罗里达州，是一家研讨会营销公司。“在这种困难情况下，人们正在到处寻找更好的或不一般的服务。消费者们希望了解更新的期权、替代方案和趋势。”

以推荐为基础的研讨会。以特定目标客户推荐为基础的研讨会，是一种低风险、低成本的研讨会营销方法。这种方法在过去非常奏效，并且今后也将继续给财务顾问们带来不俗收益。其中，目前经常采用的一种策略被称作“5—5—5—20”。其具体操作方法是：从现有客户当中挑选出 5 名属于某一特定客户群体的（比如他们都已经从同一家公司退休）客户，然后向这 5 名客户每人寄出 5 份邀请函，邀请他们参加即将举行的某个主题研讨会，像“如何在多变的市场条件下从地方公司退休”。最后亲自打电话给这 5 名客户，请求他们帮忙把邀请函发给即将从公司退休的同事们。到现在为止，这种策略为财务顾问的每场研讨会带来了 20 多名参会者，而你付出的成本可以忽略不计（邮寄费总共大约 2 美元）。客户们都对这些及时和有针对性的信息非常感兴趣，而你甚至无需向他们提供晚餐！财务顾问们可以在社区中心、图书馆和自己的办公室进行这种研讨会。许多财务顾问正是凭借这种成本很低但效果良好的研讨会方式赢得了高质量的目标客户。事实上，有些财务顾问甚至将他们的全部事业都建立在这种低成本的策略上。

对现有组织进行的演讲。最近一段时间，人们越来越喜欢邀请一位财务专业人士在组织或集体的会议上发表演讲。我们现在要讲到的一位财务顾问是某大型商业协会的活跃成员，多年来他一直向该协会表达希望在协会的月度会员午餐会上发表一个演讲的想法，但都被委婉地回绝了。但是由于人们对财务服务行业的关注度越来越高，他听到了这个商会内部很多小组对他发表演讲的新呼声。于是最近他去商会时提到自己准备了一个演讲，名字是“现在不能把你的钱投在哪些方面”。商会同意了，并且压缩了之前早已安排好的演讲者的演讲时间，而把他加入会议议程并作为主要演讲者。时代已经变了！现在，人们真的很想听听财务顾问的演讲！

在消极市场条件下的营销

财务顾问和经纪人为找出有效的潜在客户开拓策略已经努力了数年时间。有些策略能产生预期效果，而有些策略却只带来了令人无比失望的结果。今天，有关营销的一切事情似乎都正在发生变化，而这种变化对想获得业务增长的人来说实际上是非常有利的。

伴随着整个市场和财务领域的不确定性，财务服务市场正在经历着似乎令人难以相信的变化。在过去效果非常有限的营销策略，在今天正在给财务顾问和经纪人带来大量感兴趣的潜在客户以及更多新客户。是真的！怎么可能？这一切又是为什么？

每天，我们打开报纸看到的头条新闻基本上都是关于经济状况和股票行情的，我们明显可以感受到空气中弥漫着人们的紧迫感以及对答案和建议的强烈需求，那些以前认为他们能掌控自身财务处境的投资者现在意识到他们确实需要帮助。在今天充满极度不确定性的市场条件下，人们都在寻找一个值得信赖、有头脑和冷静的声音，这个声音能向他们提供个性化的方法、分析和财务解决方案。一切状况都似乎表明，没有任何一个时代比今天更需要财务顾问和经纪人了。在过去，财务顾问和经纪人可能为了获得新客户而不得不努力兜售自己的服务，但是今天，人们在主动寻找你和你的服务！

策略 4. 推荐，不需主动索取即可获得

为了提高自己获得推荐的能力，你是否曾经参加过相关的培训？你有没有自己写剧本，然后与其他人进行角色扮演，询问自己是否值得推荐，或者诸如此类的问题？尽管这种主动索取的方式对获得推荐来说是非常有价值的，但现实是，很多财务顾问不太愿意请求别人给予推荐，因此这个做法很难持续下去。毕竟，对于自己内心并不喜欢的事情，我们往往会半途而废。那么现在，就让我们来分享两个不需要主动索取就能获得他人大量推荐的策略，这两个策略都是经过实践检验是非常奏效的。最终来说，能否获得推荐，与你给潜在客户留下的感觉有关，也跟你是否经常给他们带来有利结果有关。

第一，不要错失良机。在我看来，最能让客户信服并立即将你推荐给别人的策略之一就是一个被称为“不要错失良机”的活动。这个活动跟客户感恩活动类似，但受邀者都是那些曾经对你的公司进行过推荐的客户。“客户先生，不要错失良机！我们将于 10 月 15 日在底特律河上的底特律之星晚宴船上举行盛大活动。这将是一场音乐、晚餐和舞蹈的盛会，我们非常希望您和您的太太能盛装出席。但是，千万不要错失良机，因为我们邀请的所有人士都是在活动日期之前对我们进行过推荐的客户。”这个活动给客户提供了一个非常好的进行推荐的动机。没错，它看起来有点投机取巧，但是这个策略从来没有失败过。每场活动都会给你带来 40 个甚至更多的推荐机会——甚至那些高净值客户都不会吝啬对你进行推荐！

第二，燃油卡。对向你推荐业务的客户表达感谢的方式事实上能让你保留住更多客户。如果你能向推荐人提供一些他们可以马上就用掉的小礼物，这会

鼓励他们对你进行更多的推荐。例如，如果你送给一个客户一张价值 20 美元的燃油卡以表达你对他给你介绍业务的感谢，那么你认为这位客户会什么时候用这张卡呢？马上！并且你认为他们在使用这张卡时会想到谁！当然是你！大部分优秀的客户事实上都愿意把你推荐给别人，他们只是需要一个善意的提醒，这张燃油卡恰好给他们提供了这样的机会。

策略 5. 主动出击

伊利诺伊州的一位财务顾问目前不想在寻找新客户上面花费太多金钱，因此他复制了一个政治家们经常采用的做法。他和员工们在早晨上班高峰的时候经常去附近的一个火车站，然后将他们从咖啡店买来的咖啡分发给急匆匆赶着上车的人们，同时会附送一张传单，上面写着："紧张你的投资？请致电 XXX-XXX-XXXX。"传单上还会印上这位财务顾问的照片、提供的服务内容以及他们符合法规的信息（这肯定是少不了的！）。通过这种方式，他们已经安排了大量预约，估计将带来数百万美元的客户投资，并且完成了一单 100 万美元的大生意。你看，提高曝光率能带来多么明显的效果！

策略 6. 提高品牌知名度

在客户和潜在客户眼中，你的品牌是否能够将你与其他客户有效区分开？顶级财务顾问往往有一个强大品牌，可以被人们非常简洁地描述出来，即你的品牌就是人们谈论你的内容。你的品牌不是你的标识、口号或电梯式演说，而是人们如何谈论你本人、你的公司、你的员工和你们提供的服务。不论你是否喜欢，你的品牌都是客观存在的。但是，这并不意味着你只能被动接受，事实上，你有能力掌控它。

你的品牌由客户讲述

在回答"你的公司表现如何"这个问题上，你的客户是最主要的塑造力量。因此你可以通过客户来掌控自己的品牌。那么，如何通过客户来实现掌控呢？

基本上，这种掌控可以通过你们之间的交流和沟通来实现。与客户进行有影响力的沟通和接触会让客户对你的品牌产生自信和信赖。这样他们就会将你与其他同行区别开来，感到在你这里他们受到了重视，也发现了一些他们可以时时谈论的事情，最终他们会把你推荐给其他客户。

当然，你也不得不考虑这个现实，即市场上有成千上万的经纪人和财务顾问在想尽一切办法寻找客户。最终，你在目标市场上的曝光率将决定你是否能成功获得想要的客户。你的品牌越强大，你越具有可信赖性和可视性，并且其他人也越愿意跟你做生意。

策略 7. 充分利用媒体

积极进取的市场营销者喜欢利用媒体来提高曝光率并与潜在客户进行连接。当报纸、杂志、广播或电视台引用了某位财务顾问的分析，或刊登了有关某位财务顾问的新闻稿或文章的时候，这位财务顾问的信誉就会提升。让整个世界都知道你得奖的消息、你对慈善事业和社区的投入、你的新头衔和举办的活动，或你对当前事件和市场状况的反应吧！

一旦你登上了媒体，请将你受访的视频片段和新闻报道发送给你的客户和潜在客户，包括把有关你的稿件（不论它们最终是否发表）放在给潜在客户的邮寄包裹中，以及向客户发送指向你的媒体采访片段的链接。让他们见识一下你的信誉度吧！

策略 8. 积极参与社区活动

成为社区的积极成员有助于建立你的知名度和美誉度。许多一流的经纪人和财务顾问也是其所在社区的积极成员，这当然不是一种巧合。可能你会觉得有些不可思议，但是当你开始回馈社会并且被公众认为是社区的好成员时，业务自然而然地就会向你涌来。

策略 9. 你的网上招牌

当客户或潜在客户在网上搜索你或访问你的网站，他们能看到自己想要的东西吗？你放在网上的内容是否能回答他们的问题，并超越他们的预期？最重要的是，这些内容是否能在访问者和你的财务服务公司之间建立关系？

只要 7 秒钟就能建立良好的第一印象

近期的统计表明，人们会在 7 秒钟内对一个网站形成印象，并且在这 7 秒钟内决定是继续浏览该网站还是退出。那么现在你得着手根据这个方向改进你的网站（如果你的网站无法在 7 秒钟内吸引访问者的话），比如将网站设计得更易于快速下载，更符合人们的审美观念，并且能一眼就让用户知道网站对他们有什么价值。简单来说，你的网站要做到让访问者愿意继续停留。

网站不是为你自己服务的，而是为用户服务的

在网站首页向你的目标市场提供特别具有针对性的内容，这个做法效果很明显。如果你的客户都接近退休年龄或已经退休，那么就在首页设置一个“退休之前必须了解的信息”或“做好退休的准备了吗？看看最有效的收入保障方法吧”的标题，吸引目标客户点击查看。用户们喜欢浏览直接针对他们特殊需求的信息。你的网页应该首先考虑是否能向访问者提供帮助，而不是设计得多么有特色。

你的网站应该像你的公司一样与众不同

你的网站设计新颖或者放置了商业图片库并不能告诉访问者你的公司到底是什么样的。让访问者对你的公司有一种身临其境的感受吧。你可以把你本人和其他员工的照片放在网站上，也可以通过视频或音频文件与你的访问者聊聊你的公司，还可以把客户的心声和评论放上去，比如让现有客户们直接说出你提供的服务给他们带来了多大收益。

别忘记提醒客户采取行动

一个网站是否成功，可以用“网站转化率”来衡量，即将网站访问者转化成客户的数量。你需要推动潜在客户与你的网站进行联系，从而让他们最终采

取你希望的行动。比较有效的方式是，你可以向他们提供一些有价值的小额物品，以换取他们填写某些信息（免费报告或公司内部简讯）。你也可以给他们一个选择，即他们可以要求你提供一份详细的退休分析，或者可以与你安排一次预约（是的，他们肯定会这么做的）。

用分析工具对你的网站进行评估

你可以从统计学角度用谷歌分析工具（www.google.com/analytics）来对你的网站进行评估。通过这个工具，你可以发现人们是否曾经搜索过你的网站，以及他们使用的关键词是什么。分析结果还会揭示访问者在你的网站上停留了多长时间、他们具体浏览了哪些内容，以及他们是新访问者还是重复性访问者。你应当利用这些分析和评估结果，进一步提高网站首页和网站整体的质量。

很多财务顾问就是持续不断地运用上述我们介绍的这些简单方法，从而与客户、潜在客户和社区建立起深厚的关系，取得了非常显著的效果的。

译者后记

我想读者们拿到这本书，可能会跟我第一次阅读本书时产生同样的疑问：听美国人跟中国人讲“关系”？没必要吧？的确，中国是一个关系社会，“关系”不仅渗透到我们生活和工作的方方面面，而且近乎是无往不克的通行证。从小就浸染于其中的我们，似乎都深谙关系之道。

但是，我们是否曾坦率地剖析过自己对关系的理解呢？从译者的亲身感受而言，我们大部分人热衷的关系，实际上是“凭借他人为自己争取利益”的念头的化身。在人际关系网中，我们在意的是自己能获得什么，而不是自己能向对方提供什么。我们所讲的关系的出发点和最终归宿都是“对我有什么好处”，因此，“关系”散发出浓重的工具味道。

相比之下，译者更喜欢本书作者的观点，即关系不是为我们自身利益创设的，而是为对方的福利建立的。关系的根基不是“为我服务”，而是“我要服务”。将关系当作自己谋取利益的投机工具，而不是关爱他人、服务他人的爱心之网，只能说明你不懂得“关系”，或者误解了“关系”。世界上最成功的连接者，正是那些内心怀有“让他人生活得更幸福”的人。他们将关系转化为向世人传播自己爱意的温暖光束，并尽可能影响更多的人。一个人的爱有多宽广和深厚，他的关系网就会有多博大和牢固。

那么，怎么将你的爱传播出去呢？

第一，不要总是记挂自己的那点私利，要永远保持对他人的纯正之爱，时刻秉持着“我能为别人做点什么”的信念。第二，舌头要藏在嘴巴里，但耳朵要时时竖起。说得多的人说明爱自己胜过爱他人，听得多的人则向对方传达了“你很重要”的信息。第三，交谈时不妨多问对方一些问题，从更深层次上了解你所爱的人，这是向他们提供帮助的前提。第四，不要急着从对方那里获得回报，否则会适得其反，让你的面目马上变得可憎起来。第五，想些特别的方法，让你的爱给他人留下更深的烙印。

在你付出爱的同时，也会收到别人温暖而持久的爱的回报。有了爱，还有什么不可能呢?

在译者看来，本书可以用下面这句话来总结：成为一个有爱心的人，在此基础上，将你的爱传播出去。然后，他人的爱就在拐角处等待着你。

对于商业而言，这也没什么不同。因为与其说商业是残酷的弱肉强食，不如说商业是爱的反馈。

解妮妮、尹慧钰、赵琼、武传霞、周全辉等人为本书的翻译提供了大量独到的见解和中肯的意见，在此一并谢过。

湛庐，与思想有关……

如何阅读商业图书

商业图书与其他类型的图书，由于阅读目的和方式的不同，因此有其特定的阅读原则和阅读方法，先从一本书开始尝试，再熟练应用。

阅读原则1 二八原则

对商业图书来说，80%的精华价值可能仅占20%的页码。要根据自己的阅读能力，进行阅读时间的分配。

阅读原则2 集中优势精力原则

在一个特定的时间段内，集中突破20%的精华内容。也可以在一个时间段内，集中攻克一个主题的阅读。

阅读原则3 递进原则

高效率的阅读并不一定要按照页码顺序展开，可以挑选自己感兴趣的部分阅读，再从兴趣点扩展到其他部分。阅读商业图书切忌贪多，从一个小主题开始，先培养自己的阅读能力，了解文字风格、观点阐述以及案例描述的方法，目的在于对方法的掌握，这才是最重要的。

阅读原则4 好为人师原则

在朋友圈中主导、控制话题，引导话题向自己设计的方向去发展，可以让读书收获更加扎实、实用、有效。

阅读方法与阅读习惯的养成

（1）回想。阅读商业图书常常不会一口气读完，第二次拿起书时，至少用15分钟回想上次阅读的内容，不要翻看，实在想不起来再翻看。严格训练自己，一定要回想，坚持50次，会逐渐养成习惯。

（2）做笔记。不要试图让笔记具有很强的逻辑性和系统性，不需要有深刻的见解和思想，只要是文字，就是对大脑的锻炼。在空白处多写多画，随笔、符号、涂色、书签、便签、折页，甚至拆书都可以。

（3）读后感和PPT。坚持写读后感可以大幅度提高阅读能力，做PPT可以提高逻辑分析能力。从写读后感开始，写上5篇以后，再尝试做PPT。连续做上5个PPT，再重复写三次读后感。如此坚持，阅读能力将会大幅度提高。

（4）思想的超越。要养成上述阅读习惯，通常需要6个月的严格训练，至少完成4本书的阅读。你会慢慢发现，自己的思想开始跳脱出来，开始有了超越作者的感觉。比拟作者、超越作者、试图凌驾于作者之上思考问题，是阅读能力提高的必然结果。

好的方法其实很简单，难就难在执行。需要毅力、执著、长期的坚持，从而养成习惯。用心学习，就会得到心的改变、思想的改变。阅读，与思想有关。

[特别感谢：营销及销售行为专家 孙路弘 智慧支持！]

我们出版的所有图书，封底和前勒口都有“湛庐文化”的标志

并归于两个品牌

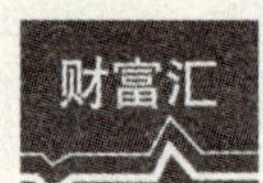

找“小红帽”

为了便于读者在浩如烟海的书架陈列中清楚地找到湛庐，我们在每本图书的封面左上角，以及书脊上部47mm处，以红色作为标记——称之为**“小红帽”**。同时，封面左上角标记**“湛庐文化 Slogan”**，书脊上标记**“湛庐文化 Logo”**，且下方标注图书所属品牌。

湛庐文化主力打造两个品牌：**财富汇**，致力于为商界人士提供国内外优秀的经济管理类图书；**心视界**，旨在通过心理学大师、心灵导师的专业指导为读者提供改善生活和心境的通路。

阅读的最大成本

读者在选购图书的时候，往往把成本支出的焦点放在书价上，其实不然。

时间才是读者付出的最大阅读成本。

阅读的时间成本=选择花费的时间+阅读花费的时间+误读浪费的时间

湛庐希望成为一个“与思想有关”的组织，成为中国与世界思想交汇的聚集地。通过我们的工作和努力，潜移默化地改变中国人、商业组织的思维方式，与世界先进的理念接轨，帮助国内的企业和经理人，融入世界，这是我们的使命和价值。

我们知道，这项工作就像跑马拉松，是极其漫长和艰苦的。但是我们有决心和毅力去不断推动，在朝着我们目标前进的道路上，所有人都是同行者和推动者。希望更多的专家、学者、读者一起来加入我们的队伍，在当下改变未来。

湛庐文化2008-2012年获奖书目

《正能量》

《新智囊》2012 年经管类十大图书，京东 2012 好书榜年度新书。

35年职业经理人养成心得，写给有追求的职场人。

聆听总裁的职场故事，发掘自己与生俱来的正能量。

《牛奶可乐经济学》

国家图书馆"第四届文津奖"十本获奖图书之一，唯一获奖的商业类图书。

搜狐、《第一财经日报》2008 年十本最佳商业图书。

用经济学的眼光看待生活和工作，体验作为"经济学家"的美妙之处。

《清单革命》

《中国图书商报》商业类十大好书。

全球思想家正在读的20本书之一。

一场应对复杂世界的观念变革，一部捍卫安全与正确的实践宣言。

《大而不倒》

《金融时报》· 高盛 2010 年度最佳商业图书入选作品。

美国《外交政策》杂志评选的全球思想家正在阅读的20本书之一。

蓝狮子 · 新浪 2010 年度十大最佳商业图书，《智囊悦读》2010 年度十大最具价值经管图书。

一部金融界的《2012》，一部丹·布朗式的鸿篇巨制。

《金融之王》

《金融时报》· 高盛 2010 年度最佳商业图书。

蓝狮子 2011 年度十大最佳商业图书，《第一财经日报》2011 年度十大金融投资书籍。

一部优美的人物传记，一部独特视角的经济金融史。

《快乐竞争力》

蓝狮子2012年度十大最佳商业图书。

赢得优势的7个积极心理学法则，全美10大幸福企业"幸福感"培训专用书。

《大客户销售》

蓝狮子 · 新营销2012最佳营销商业图书。

著名营销及销售行为专家孙路弘最新作品，一本提升大客户销售能力的实战秘笈。

《自营销》

百道网2013年度潜力新书。

全球最具创意广告公司CP+B掌门人的洞见之作，让好产品和好营销同唱一首歌。

《认知盈余》

2011年度和讯华文财经图书大奖。

看"互联网革命最伟大的思考者"克莱 · 舍基如何开启无组织的时间力量。

看自由时间如何成就"有闲"世界，如何引领"有闲"经济与"有闲"商业的未来。

《爆发》

百道网2013年度潜力新书。

大数据时代预见未来的新思维，颠覆《黑天鹅》的惊世之作，揭开人类行为背后隐藏的模式。

《微力无边》

2011年度和讯华文财经图书大奖"最佳装帧设计奖"。

中国最早的社会化媒体营销研究者杜子建首部作品，一部微博前传，半部营销后传。

《神话的力量》

《心理月刊》2011 年度最佳图书奖。

在诸神与英雄的世界中发现自我，当代神话学大师约瑟夫 · 坎贝尔毕生精髓之作。

《真实的幸福》

《职场》2010 年度最具阅读价值的 10 本职场书籍。

积极心理学之父马丁 · 塞利格曼扛鼎之作。

哈佛最吸引人、最受欢迎的幸福课。

延伸阅读

《全新销售》

◎ “全球最具影响力的50大思想家”丹尼尔·平克最新力作，当下美国疯狂热卖的“销售新圣经”。

◎ 上海家化总经理王茁、华艺传媒总裁杜子建、《财经》杂志执行主编何刚等22位知名企业家、媒体人、业界专家联袂推荐。

◎ 长踞亚马逊销售营销类畅销榜第1名，《纽约时报》《华尔街日报》《华盛顿邮报》畅销书榜单第1名，《福布斯》《金融时报》《华尔街日报》《彭博资讯》《出版人周刊》重磅推荐。

扫码直达本书购买链接

《高效能人士的影响力法则》

◎ 美国学界“思想巨匠”史蒂芬·柯维遗世之作。

◎ 继《高效能人士的七个习惯》《要事第一》后最新、最具影响力作品。

◎ 壳牌石油前CEO菲利普·卡罗尔，美国CNN著名脱口秀主持人拉里·金，畅销书《一分钟经理人》作者肯·布兰佳，畅销书《男人来自火星，女人来自金星》作者约翰·格雷，畅销书《心灵鸡汤》作者马克·维克多·汉森联袂推荐。

扫码直达本书购买链接

《说话的力量》

◎ 著名营销专家孙路弘倾其25年营销、销售经验的精华之作。

◎ 8大说话方法、4大说话技巧和两大说话工具给读者提供了实战指南。

◎ 每个人都有好口才，都可以成为演讲家，只要用这些方法、技巧和工具不断完善与生俱来的语言能力

扫码直达本书购买链接

《演讲中最重要的事》

◎ 世界排名第一的演讲教练杰瑞·魏斯曼最新作品。

◎ 75个演讲关键点，4个制胜演讲的关键领域，权威指导，各个击破。

◎ 创新工场董事长兼CEO李开复，红杉资本、惠普等中外知名企事业家联袂推荐。

扫码直达本书购买链接

图书在版编目（CIP）数据

连接者：社交网络中的商业先锋 /（美）库兹梅斯基著；明爱译．—北京：中国人民大学出版社，2013.10

ISBN 978-7-300-18190-5

Ⅰ.①连…　Ⅱ.①库…　②明…　Ⅲ.①商业管理-公共关系学　Ⅳ.①F715

中国版本图书馆 CIP 数据核字（2013）第 244118 号

上架指导：商业管理 / 市场营销

本书法律顾问　北京诚英律师事务所　吴京菁律师

北京市证信律师事务所　李云翔律师

连接者：社交网络中的商业先锋

［美］玛丽贝丝·库兹梅斯基　著

明　爱　译

Lianjiezhe: Shejiaowangluo zhong de Shangye Xianfeng

出版发行	中国人民大学出版社		
社　址	北京中关村大街31号	邮政编码	100080
电　话	010-62511242（总编室）		010-62511398（质管部）
	010-82501766（邮购部）		010-62514148（门市部）
	010-62515195（发行公司）		010-62515275（盗版举报）
网　址	http://www.crup.com.cn		
	http://www.ttrnet.com（人大教研网）		
经　销	新华书店		
印　刷	北京中印联印务有限公司		
规　格	170 mm × 230 mm　16 开本	版　次	2014 年 2 月第 1 版
印　张	16.5　插页 1	印　次	2014 年 2 月第 1 次印刷
字　数	229 000	定　价	49.90 元
